수학자가 들려주는
진짜 논리 이야기

수학자가 들려주는
진짜 논리 이야기

복잡한 세상에 정확한 판단이 필요한 순간

송용진
지음

다산초당

시작하며

대학교에서 집합론, 수리 논리 및 논술 등 수학을 전공하려면 꼭 알아야 할 기초 과목을 가르치다 보면 학생들이 논리적 사고에 너무나 약하다는 것을 절감하게 됩니다. 그래서 저는 사람들이 논리적으로 사고하고 서술하는 힘을 기를 좋은 방안이 없을까 하고 오랫동안 고민해왔습니다. 학생들은 계산을 통해 답을 얻어내는 것은 비교적 잘하지만 논리적 사고와 서술이 필요한 부분에 있어서는 뭘 어떻게 해야 할지를 몰라 합니다. 왜 학생들은 논리를 만나면 부담을 느낄까요? 그것은 학생들이 논리를 중시하지 않는 분위기에서 성장하며 논리와 친숙하지 않기 때문이라고 생각합니다. 결국 이 문제는 '논리에 대한 인식과 정확함을 중시하는 문화'에서 그 원인과 해결책을 찾아야 할 것입니다.

학교 수학교육 현장에서는 논리에 익숙하지 않은 학생들과 선생님들이 모두 논리 문제를 기피합니다. 선생님들은 학생들이 논리를 워낙 어려워하니 자연스레 논리를 최소한으로만 교육하게 되는 것 같습니다. 제가 매년 출제하고 있는 대입 논술시험에서도 논리적 사고와 서술을 요하는 문제를 내면, 문제를 사전 검토하는 선생님 대다수가 고개를 가로젓습니다. 최대한 쉽게 출제한 경우에도 그렇습니다. 상황은 심각합니다.

저는 '논리의 생활화'가 매우 중요하다고 생각합니다. 논리적 사고력도 결국 연습과 습관에 따라 크게 증진될 수 있습니다. 평소에 논리적으로 말하기, 정확함을 추구하기, 잘 따져보기 등을 습관화함으로써 논리적 사고력과 판단력을 기를 수 있습니다. 논리적 사고는 올바르게 말하기로부터 출발합니다. 수학은 머리로 하는 것이 아니라 몸으로 하는 것이듯, 논리적 사고도 머리로 일일이 헤아리는 것이 아니라 우리 몸에 배어 있어야 잘 발현될 수 있습니다.

많은 이가 수학적 논리와 언어적 논리는 다른 것이라고 생각합니다. 심지어 어떤 이들은 "실생활에 필요한 것은 수학적 논리력이 아니라 언어적 논리력이다"라고 말하기도 합니다. 하지만 아주 기초적인 범위 내에서는 이 두 가지 논리력의 성격이 크게 다르지 않고, 실용성을 따져보아도 어느 쪽이 더 높다고 말하기는 어렵습니다. 직업이 점차 전문화하고, 디지털화로 인하여 복잡한 정보가 늘어나고 있는 현대사회에서는 논리적 사고력이 점점 더 중요해지고 있기 때문입니다.

저는 독자들이 논리의 중요성과 논리교육의 필요성을 좀 더 많이 느끼고, 스스로 논리적으로 사고하며 말하려는 의지를 갖게 되기를 바라는 마음에서 저 자신이 수학자라는 장점을 살려 이 논리책을 쓰게 되었습니다. '논리학은 철학이나 언어학과 연관된 인문학에 해당하는 영역이 아닌가? 어떻게 수학자가 논리에 대한 책을 쓰지?'라고 생각하는 독자가 있을지도 모르겠습니다만, 실은 현대논리학은 수학의 한 분야라고 할 수 있습니다.

제가 대학생 때 철학과에 다니는 고등학교 동기가 우리 수학과에 와서 '집합론'이라는 과목을 들었는데, 저는 그 친구에게서 분석철학과 집합론이 서로 밀접한 연관이 있다는 이야기를 처음 들었습니다. 그 후 '현대적' 논리학은 집합론으로부터 출발한 것이고, 그래서 결국 수학의 일부분이 된 것이라는 사실을 알게 되었습니다. 제가 박사과정을 밟고자 유학을 간 대학의 수학과에는 당시 세계 최고의 논리학자 하비 프리드먼Harvey Friedman이 교수로 재직하고 있었습니다. 그분 덕분에 저는 자연스럽게 현대논리학에 관심을 두게 되었습니다.

이 책은 논리에 관심이 조금이라도 있는 사람들이라면 그리 어렵지 않게 '논리와 관련된 이런저런 유익한 지식'을 얻을 수 있도록 내용을 구성하였습니다. 우리가 지금까지 보아온 논리에 대한 책은 대부분 어린 학생들을 위한 국어교육 차원의 책이거나 철학을 전공하는 대학생들을 위한 어렵고 형식적인 논리학 교재 들입니다만, 이 책은 수학자의 장점을 살려 진짜 논리학에 대해 쓴 좀 색다른 대중적인 논리책입니다.

이 책은 처음에는 우리말의 논리적 표현, 논리와 관련한 문화와 교육 등 비교적 쉬운 인문학적 내용으로 시작해서 뒤에는 현대논리학의 흐름과 논리를 펴는 데 필요한 여러 가지 기초 지식을 소개할 것입니다. 집중해서 읽는다면 중학교 수준의 수학 지식만으로도 이해하기 어렵지 않은 내용 위주로 구성하였습니다. 엄격한 증명과 같은 건조하거나 어려울 수도 있는 부분은 독자들의 해석력이나 상상력에 의존할 요량으로 가급적 가볍게 서술하였습니다.

아무리 간단한 논리학이라도 '집합'의 개념은 꼭 필요합니다. 그런데 최근에 개편된 중학교 수학교육과정에서 집합 단원이 사라졌습니다. 지난 수십 년간 중학교 1학년 수학의 제일 첫 단원은 집합이었습니다. '학습량 경감을 위한 수학 교과 내용 축소'라는 미명하에 중·고등학교 교육과정에서 수학의 내용을 많이 축소해왔는데, 그중에서도 중학교 교육과정에서 집합이나 함수와 같은 수학적 개념의 이해를 돕는 부분이 모두 다 없어지고 단순히 계산하거나 그래프를 이용하여 '답을 구하는' 부분만 남은 것이 가장 안타깝습니다.

원래 수학교육의 주요 목적은 '논리적 사고력'을 키우는 데 있는데, 최근의 교육은 단순히 문제 풀이에만 치중하는 느낌입니다. 수학에서는 '답이 맞느냐'보다는 '답을 구하는 과정이 합리적이냐'가 더 중요한데 안타깝게도 교육 현장에서 그러한 교육을 구현하는 것이 점점 더 어려워지고 있습니다. 수학을 공부하면서 느끼는 즐거움은 무엇인가를 옳은 방식으로 정확하게 이해하고, 그 이해를 바탕으로 문제를 해결했다는 '성취감'에서 오는데 말입니다.

제1부에서는 정확하게 말하기, 논리적으로 사고하기와 연관된 인문학적인 내용을 소개합니다. 여러 가지 잘못된 표현을 예를 들어 설명하고 우리말의 장단점이 무엇인지, 왜 논리의 생활화가 필요한지 등을 이야기하고자 합니다.

제2부에서는 고대 그리스와 아라비아로부터 이어져 오는 수학과 논리학의 역사를 소개하는 한편, 논리적 사고법의 아주 기초적인 부분에 관해 이야기합니다. 또한 학교에서 이루어지는 논리교육과 토론교육에 관해서도 이야기합니다. 논리에서는 역사적으로 중요하고 유명한 다섯 가지 패러독스paradox도 소개합니다. 끝으로 사람들이 흔히 범하는 여섯 가지 오류에 관해 이야기할 것입니다.

제3부에서는 19세기 말부터 20세기 초까지 칸토어Georg Cantor, 힐베르트David Hilbert, 프레게Gottlob Frege, 러셀Bertrand Russell, 화이트헤

드Alfred North Whitehead, 비트겐슈타인Ludwig Wittgenstein, 괴델Kurt Gödel, 타르스키Alfred Tarski 등 당대 최고의 천재들이 이룬 현대논리학과 분석철학의 발달 과정과 그 의미에 관해 설명합니다. 이 논리학자 개개인의 업적과 일생을 중심으로 이야기하려고 합니다.

2000년이 넘는 시간 동안 모든 학문의 기초적 바탕을 이루어온 논리학이 19세기 후반부터는 독일의 수학자들을 중심으로 그전보다 더 독립적이고 체계적인 학문 분야로 거듭나게 됩니다. 프레게는 수학적 개념들, 심지어는 수數조차도 완전하고 구체적인 논리에 따라 정의해야 한다고 주장하였습니다. 또한 논리적 서술에 필요한 형식적(주로 기호화된) 언어를 만들고자 했으며, 산술의 체계를 논리학에서 유도하려고 노력하였습니다. 집합론의 창시자 칸토어는 오랫동안 수학과 논리학에서 금기시해온 '무한'이라는 개념을 논리적으로 다룰 수 있다는 것을 보여주며 자연스럽게 집합이 논리학에서 얼마나 중요한 개념인가를 알려주었습니다. 러셀과 화이트헤드가 공저한 『수학원리 Principia Mathematica』는 당대뿐만 아니라 지금까지도 매우 유명하고 중요한 책입니다.

체계적이고 엄밀한 현대논리학은 수리논리학mathematical logic 또는 기호논리학symbolic logic이라고도 부릅니다. 이는 철학자와 수학자가 공유하던 고전논리학과 구별하기 위함입니다. 수리논리학은 집합, 연산, 함수, 무한 등과 같은 수학적 개념을 포함한 집합론을 근간으로 하므로 그러한 배경지식이 없는 사람들은 그 내용을 이해하기 어려운 학문입니다. 그래서 논리학은 자연스럽게 수학자가 연구하는 수리논리학과 철학자가 연구하는 논리학으로 양분되었습니다. 논리학은 철학이나 언어학을 연구하는 데 중요한 배경지식이므로 철학자와 언어학자가 필수적으로 공부하는 학문이긴 하지만, 현대논리학을 그 자체로 하나의 독립된 학문 분야로서 연구하는 것은 결국 수학자의 몫이 되었습니다. 그것은 통계학이 경제학과 같은 사회과학 연구에 꼭 필요한 지식이어서 사회과학자가 되려면 통계학이라는 과목을 필수로 이수해야 하지만, 통계학 자체를 전문적으로 연구하는 것은 통계학자의 몫인 것과 유사하다고 하겠습니다.

수학 내에서는 논리학을 '수학기초론Foundation of Mathematics'이라고도 부릅니다. 논리학은 지난 100년간 힐베르트의 형식주의 철학에 입각하여 수학의 가장 좋은 기초를 세우는 것을 목표로 발전해왔기 때문입니다. 그런데 수학기초론에는 중요한 결점이 있습니다. 논리적으로 완벽한 산술 체계는 존재하지 않는다는 점입니다.

1931년 오스트리아의 젊은 수학자 괴델1906~1978은 '불완전성정리Incompleteness Theorem'를 발표하여 세상을 깜짝 놀라게 하며 아인슈타인만큼이나 유명한 사람이 되었습니다. 당시 현대논리학을 개척한 최고의 수학자들인 힐베르트, 페아노Giuseppe Peano, 러셀 등은 완벽한 논리 체계를 구성하고자 하였습니다. 그런데 괴델은 그것이 불가능함을 보여준 것입니다.

이 불완전성정리가 발표되었을 때는 물리학에서 양자역학이라는 새로운 패러다임이 주류로 자리 잡기 시작하고, 이미 하이젠베르크Werner Heisenberg의 불확정성원리가 알려진 시기여서 당시의 지식인들은 "세상에는 완전하고 확실한 진리는 존재하지 않는다"라는 새로운 세계관을 갖게 되었습니다. 이것은 자연과학뿐만 아니라 철학이나 경제학과 같은 학문에도 커다란 영향을 미치게 됩니다.

완벽함과 엄밀함을 추구하는 논리학이 수학의 좋은 기초를 세우고자 발전해왔지만, 논리적으로 완벽한 수학의 기초 자체가 존재할 수 없다는 것을 논리를 통해 증명한 것은 참으로 아이러니합니다. 논리의 세계가 완벽하지도 않고 수학자가 논리에만 의존하지도 않지만, 수학의 좋은 기초를 찾아내려고 지금도 전 세계적으로 많은 논리학자가 활발하게 연구하고 있습니다. 대다수 수학자는 의식적이든 무의식적이든 수학에서 힐베르트가 추구하던 형식주의의 방향을 따르고 있습니다. 그 길의 끝에 수학자들이 찾는 최종 목표가 존재하지 않는다는 것을 알지만, 그 방향이 옳은 방향이라고 믿고 가고 있는 것입니다.

기초적인 집합론set theory, 선택공리axiom of choice 그리고 ZF 공리계와 그것에 선택공리를 추가한 ZFC 공리계 등 현대논리학의 중요한 개념들을 이해하려면 약간의 수학적인 배경지식이 필요합니다. 제4부에서는 합집합union, 교집합intersection, 함수, 수열 등과 같은 수학에서 사용하는 기초적인 개념과 기호 그리고 수학적 귀납법mathematical induction 등을 설명하고 그러한 개념들이 명제와 논증에 어떻게 활용되는지를 소개합니다.

또한 칸토어의 집합론을 통해 구체적으로 무한이라는 개념을 어떻게 논리적으로 다룰 수 있는지도 설명합니다. 여기서 무한은 무한집합을 의미하며 '무한히 원소가 많은 집합'이라는 뜻입니다. 무한에는 큰 무한과 작은 무한이 있습니다. 왜 실수 중에 무리수가 유리수보다 더 많은지, 큰 무한은 작은 무한보다 얼마나 더 큰지, 어느 집합 안에 원소가 너무 많으면 어떤 문제가 생기는지 등에 대해서도 설명할 것입니다.

제 책을 꼼꼼히 읽고 좋은 검토 의견을 주신 김동수, 이우기, 신동훈, 최지호, 신정수 교수님께 감사드립니다. 글의 세세한 부분까지 검토해주신 서희주 교수님께도 감사드립니다. 다산북스의 김선식 대표님과 김상영 차장님께도 감사드립니다.

2023년 5월 송용진

차례

1부

왜 논리인가

2부

논리적 사고

3부

현대논리학의 발전

4부

수학 품은 논리학

왜 논리인가

논리와 친해지기

우리나라 사람들은 대체로 창의력과 예술적 감각이 뛰어나고, 어려운 문제를 남들이 미처 생각하지 못한 방법으로 해결하는 능력이 좋다. 하지만 의외로 기초적인 논리적 사고력이나 서술 능력은 미흡한 이가 많다. 오랫동안 대학교에서 수리 논리 및 논술, 집합론 등의 과목을 가르치면서 학생들이 논리적 사고에 유난히 약하다는 것을 실감하고 있다. 학생들은 어떤 새로운 개념을 이해하거나 어떤 사실을 논리적으로 설명해야 하는 대목에서는 한없이 약해진다.

미국 학생들은 한국 학생들과 반대다. 미국 학생들은 계산 능력이나 전반적인 수학 실력은 형편없이 약한 편이지만, 간단한 새로운 개념을 받아들이거나 자신이 이해하는 것을 서술하는 데 있어서는 우리나라 학생들보다 나은 편이다. 그래서인지 대학교 1학년 때는 미국 학생들의 수학 수준이 한국 학생들보다 훨씬 낮지만, 학년이 올라가며 수학 실력이 빠른 속도로 느는 것을 볼 수 있다.

나는 집합론 강의 시간에 종종 간단한 퀴즈를 낸다. 주로 강의하면서 강조하여 여러 번 설명한 내용이나 교과서에 나오는 연습문제 가운데 내가 풀이해주었던 문제 중에서 골라 출제한다. 일부 상위권 학생들은 아주 잘 풀지만, 그렇지 못한 학생들의 답을 읽다 보면 한숨을 자아내는 문장이 많이 나온다. 그러다 보니 자연히 학생들의 논리적 사고에 대해 탐구하게 되었다.

오랜 기간 학생들을 관찰해본 결과, 학생들에게 논리적으로 사고하고 서술하는 법을 직접 일일이 가르치는 데는 한계가 있다는 것을 깨달았다. 또한 학생들은 논리만 만나면 갑자기 머리의 회전을 멈춘다는 것을 알게 되었다. 우리 학생들이 논리에 약한 것은 어려서부터 논리적으로 말하고 사고하고 서술하는 법에 익숙해질 기회가 없었기 때문이다. 그러니까 학생들의 머리가 나빠서 잘하지 못하는 것이 아니라 논리와 친숙하지 않아서 잘하지 못하는 것이다. 나는 정확한 것을 추구하고, 인정할 것은 인정하는 문화가 좀 더 뿌리내려야 우리 학생들의 논리적 사고력도 신장할 수 있다고 믿는다.

우리 학생들이 논리에 약한 것은 우리말이 논리적으로 서술하기에는 불편한 언어이기 때문이라는 사람들도 있다. 우리말이 영어 등 서양 언어에 비해 논리적 서술에 불리한 것은 사실이지만, 그것보다는 '문화와 교육'이 이런 문제가 발생하는 데 더 큰 비중을 차지하는 요인이라고 생각한다. 그래서 우선 '문화'에 초점을 맞추어 이야기를 시작해보자.

우리 문화권에서는 사리나 말의 옳고 그름을 세세히 따지면 까다로운 사람이라고 꺼리는 경향이 있다. 빈틈없고 까다로운 사람보다는 좀 허술하더라도 성격과 사회성이 좋거나 수단이 뛰어난 사람을 더 인정하는 경향도 있다. 하지만 이제는 논리적 사고와 판단을 중시하고 오류를 두려워하는 문화의 확산이 필요한 시대가 되었다. 어린 학생들은 문화적 감수성이 아주 예민해서 기성세대가 '정확함을 중시하는 문화'를 조금만 더 확대한다면 학생들의 논리적으로 사고하고 서술하는 힘은 자연스럽게 증진되리라고 믿는다. 결국 논리도 습관이기 때문이다.

논리는 머리가 아니라 몸으로 익히는 것

수학을 공부할 때 선생님에게서 "수학은 머리로 하는 것이 아니라 몸으로 하는 것이다"라는 이야기는 누구나 한 번쯤 들어보았을 것이다. 논리도 이와 비슷하다. 논리적 사고가 몸에 배도록 해야 한다. 그러려면 우선 우리가 갖고 있던 논리에 대한 태도부터 바꾸어야 한다. 우리 각자가 평소에도 뭐든지 가능한 한 정확하게 하겠다는 의지를 가질 필요가 있다. "정확함은 정의롭다" 또는 "정확성은 꼭 필요하다"와 같은 인식을 확산해야 한다.

운동능력이나 수리적 능력이 사람마다 타고난 능력에서 차이가 나듯이 논리적 사고력도 개인 간의 차이가 존재한다. 하지만 사람의 능력은 모두 적절한 습관 형성과 반복연습의 결과로 증진할 수 있다. 그렇기 때문에 우리에겐 '논리의 생활화'가 필요하다. 어린 학생들일수록 평소에 논리적으로 말하기, 정확함을 추구하기, 옳고 그름을 따지기 등을 실천하는 습관을 들일 필요가 있다.

습관과 연습이 꼭 필요한 또 다른 예로 운동선수들의 정신력을 들 수 있다. 테니스, 탁구, 골프 등의 개인 종목에서는 선수의 운동능력도 중요하지만 정신력이 매우 중요하다. 정신력이 강한 선수가 위기에서 더 큰 힘을 발휘하여 상대방을 간발의 차이로 이길 때가 자주 있다. 어떤 선수는 정신력이 강하고 어떤 선수는 약한데, 이러한 차이는 그들이 태어날 때부터 타고난 성격이나 소양의 차이에서 기인한다고 믿는 사람이 많다. 하지만 많은 경우에 운동선수의 정신력도 운동능력처럼 '반복연습'을 통해 증진할 수 있다. 야구선수가 반복연습으로 '일정한 스윙'을 몸에 익혀서 실전에서도 그런 스윙을 해내듯이 정신력도 반복훈련을 통해 몸에 익혀야 실전에서 그 힘을 발휘할 수 있는 것이다.

그래서 선수들은 연습경기에서도 항상 최선을 다해서 겨뤄야 한다. 어쩌다 한두 번이라도 해이한 마음으로 경기하다가는 어렵게 몸에 익힌 정신력에 손상이 갈 수도 있기 때문이다. 취미로 테니스나 탁구를 즐기는 아마추어 고수들도 마음이 풀어진 채 경기하는 것을 꺼린다. 그래서 웬만하면 자신보다 현저히 실력이 낮은 사람들과는 경기하지 않으려고 하는 경우가 많다. 일반인과 운동선수를 비교해보자면 일반인에게 '지식'은 운동선수의 '운동능력'과, 일반인에게 '논리적 사고력'은 운동선수의 '정신력'과 비슷하다고 할 수 있겠다.

우리 뇌의 자동 처리 시스템은 매우 우수하다. 우리가 의식하지 않을 때도 일한다. 근육을 조정하는 일도 의식으로 넘기지 않고 잘 처리한다. 뇌도 우리 몸의 다른 장기들처럼 자율적으로 잘 돌아간다. 뇌는 경험으로 얻은 지식이나 의식이 있을 때 일을 처리하던 기능을 사람들이 의식하지 못하는 동안에 잠재의식 subconscious을 통해 축적하고 발전시킨다. 따라서 앞서 언급한 운동선수의 정신력이나 일반인의 논리적 사고력도 모두 반복연습과 습관화를 통해 증진할 수 있는 것이다.

논리적 사고의 시작, 인정할 것은 인정하기

논리와 합리는 '인정할 것은 인정하는 것'에서 출발한다. 사실을 사실로 받아들이는 태도, 누군가가 맞는 말을 하면 그것을 인정하는 태도가 필요하다. 눈앞에 벌어진 상황이 자기에게 불리하더라도 인정할 것은 인정하는 태도와 자신의 과오가 있을 때 그것을 변명하지 않고 시인하는 태도가 필요하다. 불합리한 판단이나 언행은 주로 이런 기본이 잘 지켜지지 않을 때 발생한다. 논리적 사고력이 수학처럼 반복연습으로 향상하는 것과 마찬가지로 옳은 것을 인정하고 수용하는 태도도 습관화와 연습의 결과로 길러질 수 있다.

토론할 때 상대방의 말이 맞고 반박할 여지가 없는데도 그 말을 인정하지 않는 사람이 많다. 그러나 자신이 토론에서 좋은 평가를 받고 싶다면 인정할 것은 인정하는 태도를 보여야 한다. 어떤 사람이 맞는 말을 하더라도 결론적인 의견이 자기 의견과 다르면 "그 사람이 말은 잘해"라고 하면서 그 사람의 의견을 인정하지 않으려고 하는 경우가 많다. 우리나라에는 말을 잘하는 사람을 별로 좋아하지 않는 경향이 있다. 미국에서는 말을 잘하는 사람을 높이 평가하지만, 우리나라에서는 그다지 높이 평가하지 않는다. 이런 점에서 두 나라의 문화는 제법 차이가 큰 편이다.

우리나라에는 과학자나 의사와 같은 전문가의 말을 있는 그대로 받아들이지 않는 사람이 의외로 많다. 코로나19 팬데믹으로 온 국민이 바이러스 전문가가 되어가는 상황에서도 "우리 집 강아지가 확진된 것 같다", "확진된 지 3주일이 지났더라도 남에게 전파할 확률이 조금은 있는 것 아닌가?", "코로나 바이러스라는 것 자체가 꾸며낸 음모일 뿐이다" 등등 인정할 것을 인정하지 않는 사람들의 말이 돌아다닌다.

서로 다른 진영의 사람들이 정치적 쟁점에 관해서 이야기를 나눌 때 대화가 잘 이루어지지 않는 것은 세계 어느 나라나 다 마찬가지일 것이다. 그래도 지나친 진영논리는 보기에 좋지 않다. 자기 진영에 불리한 상황이 벌어지거나 불리한 뉴스가 나올 때도 "여론 조사가 조작되었다", "그것은 가짜 뉴스다"라며 무조건 자기 진영은 옹호하고 상대를 비난하는 경우가 많다. 인정할 것은 인정하는 것이 국면 전환에 더 도움이 될 수도 있는데 말이다.

정확함과 부정확함, 같음과 다름을 있는 그대로 받아들이는 태도가 필요하다. 예전에는 "1 더하기 1은 2일 수도 있고 아닐 수도 있다"라고 말하는 사람이 많았다.* 이 말은 엉터리다. 2의 정의가 바로 1 더하기 1이기 때문이다. 엄밀하게는 '1 더하기 1'을 2라는 기호로 나타낸 것일 뿐이다. 다시 말해 "1 더하기 1은 2일 수도 있고 아닐 수도 있다"라는 말은 "1 더하기 1은 1 더하기 1일 수도 있고 아닐 수도 있다"라는 말과 같다.

학생들에게 집합을 가르치다 보면 "~는 ~와 같다"라는 문장에서 '같다'라는 단어의 의미를 말 그대로 '같다'라고 인정하지 못하는 경우가 종종 있어서 이 말을 강조하고자 굳이 한자어로 '동일하다'라는 단어를 쓸 때도 있다. 예를 들어 "좌표평면의 점은 2차원 벡터와 같다"라고 말했을 때 이 문장의 의미를 '그런 의미로 본다' 또는 '그렇게 해석할 수도 있다' 정도로 여기는 학생이 많다(실은 이 두 가지는 모두 2개의 실수의 순서쌍이므로 같은 것으로 볼 수 있다). 나는 학생들에게 가끔 이런 농담을 하곤 한다. "'같다'와 '동일하다'는 같은 말일까, 아니면 동일한 말일까?"

논리적 사고력에 기반하여 합리적 판단을 내리는 사람들은 대개 정의롭고 정직하다. 우리 세대는 어릴 때 상대방이 옳은 말을 해도 잘 인정하지 않고, 누가 자신보다 실력이 더 뛰어나도 반칙을 써서라도 이기는 것이 보편적인 분위기에서 자랐다. 정의보다는 권위가, 정직보다는 자신의 이익이, 과학보다는 미신이 앞서던 시절도 있었다. 선진국 대열에 당당히 서게 된 오늘날의 젊은 이들은 그 이전 세대보다 훨씬 더 정의롭고 정직하게 행동하며

---

* 러셀과 화이트헤드의 유명한 공저 『수학원리』에 1+1=2의 증명이 나와 있어서 그런 듯하다. 하지만 그들의 증명에 등장하는 수 2는 우리가 현재 쓰는 수 2와 그 정의가 다르다.

합리적이고 과학적으로 사고한다.

현대인의 필수 능력, 판단력과 분별력

현대인에게 판단력과 분별력은 꼭 필요한 능력으로 개개인의 행복 지수, 건강(수명), 경제 상황 등에 큰 영향을 미치고, 사회 전체의 안녕과 발전에도 매우 중요한 요소로 작용한다.

우리는 흔히 "한국 사람은 뛰어나다"라고 한다. 나도 이 말에 동의한다. 우리나라 사람들에게는 대체로 창의성을 발휘하여 남들이 생각하지 못한 창의적인 방법으로 일이 되게 하는 능력, 가시적인 목표를 달성하는(또는 승부에서 이기는) 능력, 뛰어난 예술적 성과를 거둬들이는 능력 등이 있다. 하지만 한 가지 약점이 있다. 그것은 아주 기초적인 사안에 대해서조차도 합리적으로 판단하거나 분별하지 못하는 사람이 많다는 점이다.

이때 판단과 분별은 의미가 살짝 다르다. 판단은 어떤 대상을 일정한 논리나 기준에 따라 판정하는 것이고, 분별은 어떤 것과 다른 것의 차이를 인지하거나 옳고 그름을 구별하는 것을 뜻한다.

판단력이 좋아지려면 당연히 논리적 사고력이 필요하지만, 무엇보다도 먼저 '판단력이 창의력 등 다른 그 어떤 능력보다 더 중요하다는 인식'을 가지면 좋겠다. 우리가 판단을 잘못하게 되는 원인을 다음 네 가지 유형으로 나눌 수 있다.

첫째, 틀리거나 적합하지 않은 정보에 의존해서 잘못 판단하는 유형이다. 좋은 판단력은 좋은 정보력으로부터 나온다. 그런데 '좋은 정보'가 부족한 경우에 정보나 지식의 양 자체가 부족하다면 더 많은 정보나 지식을 수집해서 보완할 수 있겠지만, 그렇지 않은데도 '믿고 싶은 정보만 믿는 심리' 때문에 왜곡된 정보를 토대로 판단을 내리는 것이 문제다. 인간은 합리적이고 올바른 사실보다는 겉보기에만 그럴 듯해 보이는 사실을 더 쉽게 믿고 마음에 품는다. 그리고 일단 어떤 생각을 품게 되면 그것을 바꾸기는 매우 어렵다.

둘째, 인정할 것을 인정하지 않아 잘못 판단하는 유형이다. 전문가의 말이나 명백한 사실을 인정하지 않는 사람, 우열의 차나 현실의 상황을 인정하지 않는 사람이 우리 주변에 너무나 많다. 이러한 유형의 판단 착오는 자신이나 가족이 병에 걸리거나 몸을 다쳤을 때 흔히 발생한다. 환자로서는 의사가 과다한 치료나 검사를 권유하는지, 실력이 없는 것은 아닌지를 스스로 판단하여 피해 가야 하는 것이 슬픈 현실이긴 하지만 정작 문제는 전문가인 의사의 과학적이고 양심적인 판단을 인정하지 않고 자기 나름의 치료법을 찾는 사람이 너무 많다는 데 있다.

셋째, 논리나 과학(수학)적 사고에 근거하여 판단하지 않고 그저 느낌에 의존하여 잘못 판단하는 유형이다. 농구 경기 중계방송에서 "지금 자유투를 던지는 저 선수는 자유투 성공률이 80퍼센트인데, 지난 세 번의 기회에 연속해서 실패했으니 이번에는 넣을 확률이 높다"라는 식으로 말하는 해설자가 종종 있다. 선수가 자유투를 던지는 각각의 시행은 '독립시행'이므로 매번 자유투를 던질 때마다 성공할 확률은 그 앞에 몇 번을 성공했는지와는 아무 관계가 없다.

넷째, 좋은 판단의 중요성 자체를 인식하지 못하여 잘못 판단하는 유형이다. 어떤 판단을 내리더라도 그 결과는 별 차이 없다고 생각하는 사람이 의외로 많다(물론 사안에 따라 다르다). 일례로 위원회 같은 곳에서 무엇인가를 결정할 때 논의나 관련 정보 청취 등은 시간 낭비이니 간단히 점수를 합산하여 결정하자는 사람이 많다.

인사 문제에서도 이런 양상은 흔히 나타난다. 정부든 회사든 중요한 자리에는 그 자리에 적합한 사람을 임명해야 하는 것이 상식인데, 그냥 아무나 그 자리에 앉혀도 괜찮다는 인식이 존재한다. 가령 최근에는 새 정권이든 지난 정권이든 교육부 장관직에 교육 관련 경력이나 전문성이 부족한 사람들을 임명하고 있다. 그것은 그 자리에 굳이 지식과 경험을 갖춘 교육 전문가를 앉힐 필요까지 있겠는가 하는 안일한 생각이 만연하기 때문인 듯하다.

우리가 판단력을 키우려면 평소에 종교, 동성애, 낙태, 교육 등

민감하고 중요한 사회적 쟁점에 대해서 자기 나름의 판단을 내리고 스스로 자기 의견을 정립하는 습관을 들일 필요가 있다. 이때 중요한 것은 유연하게 사고해야 한다는 것이다.

종교에서도 합리적인 판단이 중요하다. 이젠 더는 사이비종교가 사회적 문제가 되어서는 안 될 것이다. 종교의 믿음이나 가르침도 논리와 올바른 판단이 부가되어야 더 빛나게 된다. 그래서 유럽에서는 아주 오래전부터 성직자의 교육에 힘을 쏟았다. 유명한 옥스퍼드대학교나 케임브리지대학교 그리고 유럽에서 가장 오래된 볼로냐대학교 등은 모두 성직자를 교육하고자 설립된 학교다. 16세기에 중국으로 건너온 유럽의 선교사는 대부분 뛰어난 과학자(수학자)였고, 중국 정부는 그들을 정부의 천문 연구 기관에 중용했다. 그만큼 종교에서도 사람들이 축적해온 지식과 지혜를 중시했다는 것을 알 수 있다.

판단력과 분별력에 대해 한 가지 더 언급하자면, 자신이 결정한 의견에 지나치게 집착하는 것은 좋지 않다. 어떤 사람은 자기 생각에 지나치게 집착하여 마치 심리학에서 말하는 확증편향confirmation bias의 성향을 보이기도 한다. 우리나라에는 오래전부터 남들의 말에 흔들리는 사람을 좋아하지 않는 문화가 있었다. 사람들은 흔히 "그렇게 귀가 얇아서 어떻게 큰일을 할 수가 있겠어?"라고 말한다. 남의 말에 자기 의견을 쉽게 바꾸는 것을 '좋지 않은 행동'으로 여기는 분위기가 널리 퍼져 있고, 남의 말에 흔들

리는 사람을 '팔랑귀'라며 놀리기까지 한다. 또한 예전부터 무언
가 일을 잘 해낸 사람에게 '줏대가 있다', '나름 고집이 있다', '일
관성이 있다'라면서 칭찬하는 문화가 있다. 즉, 어떤 의견이나 사
안을 결정하면 흔들리지 않고 밀고 나가는 것을 잘하는 것이라
며 칭찬한다.

요즘은 정보화 시대이다. 따라서 귀가 얇으면 좋을 때가 더 많
다. 남들이 좋다고 하는 것은 배우며 자기 나름의 의견을 정하면
된다. 그리고 의견을 정한 후에도 합리적인 정보를 알게 된다면
자기 생각을 바꿀 수 있다는 유연한 태도를 보이는 것이 좋다.

좋은 판단력을 기르는 것과 수학은 어떤 관계가 있는 것일까?
수학교육의 기본적인 목표는 학생들의 논리적 사고력, 문제 해결
능력 등을 키우는 것이지만, 이를 통해 궁극적으로 이루고자 하
는 목표는 판단력과 분별력을 키우는 것이라고 생각한다.

학생들은 미래에 대해 조급해 할 필요가 없다

무엇인가 중요한 판단을 내려야 할 때는 가능하면 그 판단을
내리는 시기를 최대한 늦추는 것이 좋다고 생각한다. 물론 이 세
상에 판단해야 할 사안은 수없이 많고, 그중에는 빠른 판단을 요
하는 것도 있을 것이다. 하지만 원칙적으로 '가능하면' 좋은 정보

를 충분히 모으고 이것저것 따져본 후에 판단을 내리는 것이 좋다는 말이다. 살다 보면 주변에서 중요한 사안인데도 너무 성급하게 결정하는 사람을 흔히 보게 되는데, 우리 사회에는 '무엇이든 일찍 하는 게 좋다'라는 막연한 인식이 있는 것 같다.

대학교수 중에도 입학시험, 장학금 수혜자 선정 등에서 면접이나 서류심사를 할 때 학생들이 미래의 꿈을 '구체적'으로 밝힐수록 높은 점수를 주는 분이 많다. 하지만 특수한 기능을 살려야 하는 분야로 진출하거나 남들이 잘 가지 않는 길로 가고자 하는 학생을 제외한, 일반적인 학생들은 미래 계획을 서둘러서 구체적으로 세울 필요는 없다고 생각한다.

어른들은 어린이들에게 관심의 표현으로 "너 이다음에 커서 뭐 할 거니?"라고 물어보곤 한다. 나는 어린이가 자라면서 이런저런 꿈을 가져보는 것이 좋다고 생각한다. 어린아이가 성인이 될 때까지 열 번쯤 꿈이 바뀌어도 좋다. 그런 꿈들을 가져봄으로써 세상을 좀 더 잘 이해하게 될 수도 있기 때문이다. 하지만 자기 미래에 대해 심각하게 고민할 나이가 된 중·고등학생에게는 어른이 그런 식으로 관심을 표현하면 당사자에게 뜻하지 않은 부담감을 주게 될 수도 있으니 삼가는 것이 좋을 듯하다.

나는 학생들과 이야기를 나눌 기회가 많은 편이다. 주로 수학 올림피아드를 통해 지도하게 된 학생이나 내가 근무하는 대학의 학생이다. 그런데 이 학생들이 미래에 대해 뭔가 일찍 결정하고 준비해야 한다는 압박을 은연중에 주변으로부터 받는 모습을 자주 접한다. 그럴 때면 나는 그 학생들에게 너무 걱정하지 말고 지금은 학업에 충실하게 임하라고 조언한다.

장래 계획은 시간을 충분히 들여서 정보를 모은 후에 자신에게 맞게 세우는 것이 좋다. 만약 학생들이 계획을 미리 세운다면 상대적으로 더 적은 정보에 기초하여 장래를 결정하는 것이므로 그 결정에 하자가 생기기 쉽다. 특히 청소년은 성장하면서 성향과 취향이 바뀌기 쉬운 데다 자기 꿈을 이루기에 성적 등 준비가 미흡하다고 여겨지면 자포자기 상태에 빠질 수도 있다.

대학생 중에도 미리미리 취업을 준비해야 한다는 압박감을 느끼는 학생이 많다. 그래서 전공 공부는 멀리하고 공무원 시험이나 공사 입사 준비에만 매달리는 경우가 지나치게 많다. 나는 별다른 목표를 세우지 않은 수학과 학생들에게는 "요즘은 전문 지식이 중요하니 학생 때는 전공 공부를 충실히 하고, 그 외에는 컴퓨터와 영어를 신경 써서 공부하는 것만으로도 충분하다"라고 조언한다.

고등학교 1학년 때 교과서에 실린 클라크William Smith Clark, 1826~1886의, 그 유명한 「소년이여, 야망을 가져라!Boys, be ambitious!」라는 제목의 글을 배운 적이 있다. 당시에는 그 글이 너무나 유명한 데다 실제로 내용도 아주 좋아서, 한글뿐만 아니라 영어로 된 원문까지 읽는 학생이 많았다.* 이 글을 요약하면 다음과 같다.

"소년이여, 야망을 가져라. 돈이나 이기심을 쫓거나 사람들이 명성이라 부르는 덧없는 것을 쫓지 말고, 단지 사람이 갖춰야 할 모든 것을 추구하는 야망을 가져라."

하지만 이 유명한 글의 자세한 내용은 잊히고 제목이 주는 강렬한 이미지 때문인지 대중에게는 '훌륭한 사람이 되려면 미리 미래를 설계해야 한다'라는 의미로 변질된 채 전달된 경향이 있었다. 당시 미래에 구체적으로 무슨 일을 하며 살지 결정하지 못했던 나는 이러한 사회적 분위기 때문에 고등학교를 졸업하고 대학생이 되어서도 방황하며 정신적 고통을 겪었다.

그때 나는 '훌륭한 그리고 이 세상에 도움이 되는 사람이 되고 싶다'라는 열망은 누구보다 더 강했지만, 앞으로 무슨 일을 할지 구체적인 목표를 결정하지는 못했다. 고등학생 때 일단 정한 꿈은 '동양의 사상과 문화가 서양을 앞선다는 것을 보여주고 싶다'라는 것이었지만, 그 꿈을 이루려면 뭘 어떻게 준비해야 할지 몰라서 그저 막막하기만 했다. 대학에 입학한 후에도 방황은 계속되었다. 이공계 대학으로 진학했는데 1학년 말에 전공을 정해야

---

* 클라크는 미국인으로 괴팅겐대학교에서 박사학위를 받은 후, 매사추세츠농업대학교(현 매사추세츠대학교)의 학장을 역임하고 나서 일본에 초청되어 삿포로농학교(현 홋카이도대학교)의 초대 학장을 했다. 이 글은 클라크가 일본을 떠나며 학생들을 위해 쓴 것이며, 당시 일본에서 아주 유명했다. 일본어 제목은 「큰 뜻을 품어라」로 우리말 제목과는 다소 어감이 다르다.

하는 때가 되자 공학보다는 자연과학이 더 끌렸다. 그리고 수학에 대해 좀 더 알게 되면서 수학의 세계가 좋아 보여 결국 수학을 전공으로 택했다.

만일 내가 나의 진로를 일찍이 결정했다면 수학을 택했을 가능성은 전혀 없었다. 더는 미룰 수 없는 때까지 가서야 한 그 결정은 내 인생에서 가장 잘한 결정 중 하나라고 생각한다. 그 결정 덕분에 평생 수학자로서 보람 있고 여유 있고 행복한 삶을 누릴 수 있었기 때문이다.

02

정확함이라는 미덕

논리적으로 사고하기나 틀리지 않기는 올바르게 말하기로부터 시작된다. 정확하게 판단하고 정확하게 행동하려는 각오와 정신이 올바르게 말하기에 담겨 있다고 할 수 있다. 앞서 말했듯이 각자의 논리적 사고와 정확한 언행은 모두 몸에 밴 행동, 습관을 통해 길러지는 것이다. 나는 누구나 늘 정확한 언어를 구사해야 한다는 완벽주의를 주장하려는 것은 아니다. 경우에 따라서는 다소 부정확한 표현이더라도 문학적, 은유적 표현이 더 좋을 때도 많다. 다만 일상생활에서 올바르게 말하는 것이 중요하다는 인식이 높아지기를 바랄 뿐이다.

우리가 생활하며 접하게 되는 부정확한 말의 예를 몇 가지 들어보자. 축구, 야구, 농구 등 메이저 스포츠의 대다수 해설자는 아주 정확하고 유창한 한국어를 구사하지만, 내가 좋아하는 한 스포츠 종목에 자주 나오는 해설자는 "공을 저렇게 쳐 줘야지만 이 게임을 자신의 흐름으로 가져올 수가 있어요"와 같은 말을 지속해서 반복한다. 이 문장에서 '줘야지만이'라는 문법에 맞지 않는 표현이 듣기 거북하기도 하지만, 그 말의 내용 자체가 논리적으로 맞지 않아 더욱 거슬린다. 필요조건과 충분조건을 헷갈린 전형적인 예다.

그 샷을 그렇게 치지 못하더라도 다른 샷들을 더 잘 치면 경기를 쉽게 풀어갈 수도 있을 텐데, 다른 방법은 없고 꼭 그렇게 해야만 한다고 주장하기 때문이다. 그 해설자가 잘못된 표현을 사용하는 것 자체보다는 프로그램 제작자들이 여러 해 동안 그런 문제를 인식하지 못하는 데서 알 수 있는 우리 사회의 불감증이 더 문제라고 생각한다.

또 주위에서 "200퍼센트 맞는 말이다"라든가 "200퍼센트 만족한다"라고 하는 사람을 흔히 본다. 좀 더 강조하려는 뜻에서 그렇게 말하는 사람들의 심리가 이해는 가지만, 그래도 100퍼센트가 가장 큰 수인데 그보다 더 큰 수를 부르는 게 무슨 의미가 있겠는가? 200퍼센트라고 말하는 것은 오히려 말하고자 하는 바와 반대로 '전혀 맞지 않는 말이다' 또는 '전혀 만족하지 않는다'라고 말하는 것과 같다고도 할 수 있다. 퍼센트는 100을 넘어가지 못하므로 퍼센트가 100보다 더 커진다는 말은 수가 100부터 음수 방향으로 진행한다(결국 작아진다)는 뜻이 될 수도 있다. 그렇다면 200퍼센트는 0퍼센트와 같은 것으로 해석할 수도 있는 셈이다.

축구 중계를 보다가 진행자와 해설자가 다음과 같은 대화를 나누는 것을 들은 적이 있다.

"우리 대표팀에게 백 점 만점에 백 점을 줘야겠는데요."
"아니죠, 만 점 정도는 줘야 할 것 같아요."

다음과 같이 논리적으로는 아주 이상한 말을 하는 사람도 종종 볼 수 있다.

"하루에 24시간 이상을 노력해야 한다."
"코로나 확진은 확실히 아닌 듯하다."

나는 올바르게 말하기를 주장하지만 이것은 사투리를 쓰지 말고 표준말만 쓰자고 주장하는 것과는 다르다. 표준말과 사투리의 다름은 인정해야 한다. 나는 오히려 요즘에 사투리가 점점 사라

져가는 것을 보면 우리 전통문화가 사라지는 것 같아 안타깝다.

'곱하기'를 '고바기'로, '약하게'를 '야가게'로 발음하거나 '세 개'를 '셰 개'로, '쌀'을 '살'로, '잡자마자'를 '잡자말자'로 발음해도 그런 말들은 늘 듣기에 정겹다.

가끔 신문 기사도 사실관계를 부정확하게 전달할 때가 있다. 예를 들자면, 『중앙일보』 기사(2021년 7월 3일 자)에서 6월 수능 모의평가 결과를 보도하며 기사 제목을 「수학 1등급 여학생 2퍼센트뿐」이라고 뽑았다. 이 말을 문자 그대로 해석하자면 수학 1등급 전체 학생 중 여학생이 2퍼센트, 남학생이 98퍼센트라는 말처럼 보인다. 그러나 기사 내용을 읽어보면 그런 뜻이 아니라 "여학생 응시생 중 수학 1등급을 받은 학생이 2퍼센트뿐"이라는 뜻이다. 전체 응시생 중 수학 1등급을 받은 학생 비율은 4.4퍼센트였다. 이 모두 정확성에 대한 불감증으로 인하여 일어난 일들이다.

가르친다는 사람, 가르킨다는 사람

이상하게도 "가르친다"라고 말해야 할 때 "가르킨다"라고 말하는 사람이 많다. 세대별로 다르겠지만 아마도 기성세대 중에는 가르친다고 제대로 말하는 사람이 열 명에 한두 명 정도밖에 되지 않을 것 같다. 이 단어를 통해 사람들을 보면 네 가지 부류로 나눌 수 있다. 1군: "가르친다"라고 말하는 사람, 2군: "가르킨다"라고 말하는 사람, 3군: "가리킨다"라고 말하는 사람, 4군: "갈킨다"라고 말하는 사람이다. 내가 관찰한 바로는 이 중에서 2군이 가장 많고 3군, 4군은 그리 많지 않지만 예전에 한 수학 영재교육 심포지엄에서 한 발표자가 "갈킨다"라고 계속 반복해서 말하는 것을 본 적이 있다.

사람들은 "가르친다"가 표준말인 것을 알면서 왜 "가르킨다"라고 말하는 것일까? 아마도 그냥 습관적으로 그렇게 말하는 사람도 있겠고, 다른 사람들이 보통 그렇게 말하니까 자기만 일부러 "가르친다"라고 말하는 게 쓸데없이 고상한 척하는 것 같아 그렇게 말하는 사람도 있을 것이다.

그 이유가 무엇이든 지금까지 내가 관찰해온 바로는 1군에 속하는 사람들이 평균적인 사람들보다 조금이라도 더 합리적이고 지성적일 확률이 높다. 그것은 아마도 그들이 평소에 사소한 일에도 정확함을 추구하는 부류일 확률이 높고, 그런 태도가 장기적으로는 그들이 합리적이고 지성적으로 행동하는 데 도움을 주었기 때문이라고 생각한다. 물론 "미국에서 흑인이 백인보다 농구를 더 잘한다"라는 말이 반드시 옳지는 않은 것처럼 이 말도 모든 사람에게 적용되지는 않는다.

나는 '가르친다'는 단어를 발음하는 것처럼 아주 사소한 일조차도 정확함을 추구해야 한다고 생각하는 사람이 많아지기를 바란다. 논리력도 결국은 평소에 정확하게 말하는 것과 관계가 있다.

내가 어느 신문 칼럼에 '현대인에게는 논리적 사고력이 중요한데, 그 힘을 기르려면 논리가 몸에 배도록 평소에 정확하게 말하는 태도를 갖추는 것이 좋다'라는 주제로 글을 쓴 적이 있는데, 그 글에 다음과 같은 댓글을 쓴 사람이 있었다.

> 논리적 사고가 중요하고 키워야 하는 능력임에는 의심할
> 여지가 없지만, 언어를 흑과 백으로 나누어 정확함을
> 중시하는 태도가 그리 좋은 것인지에는 동의하지
> 못하겠습니다. 세상 대부분의 일이 정확하게 이루어지지
> 않는데 어찌 딱 들어맞는 언어로만 이야기할 수 있을까요?
> 적당하고 틈 있고 넉넉한 표현과 문화를 좋아하는 사람도
> 있습니다.

이 책을 읽는 독자들 중에도 이와 비슷한 생각을 하는 분이 있을지도 모른다. 하지만 너무 양극단만 떠올리지는 않았으면 좋겠다. 항상 정확한 말만을 하는 긴장되고 건조한 삶을 살아야 한다고 주장하는 것이 아니다. 상황에 따라서는 논리적인 표현보다는 시적인 표현이 더 어울릴 때도 있을 수 있고, 논리나 문법적으로는 맞지 않지만 의미 전달에 유용한 표현도 있을 수 있다. 다만 사람들이 평소에 가급적 말을 정확하게 하는 것이 필요하고, 그

래야 정확함을 추구하는 것이 몸에 배어 결국 논리적 사고력이 증진된다는 말을 하고 싶은 것이다. 결국 논리적 사고도 머리보다는 몸으로 하는 것이라는 사실을 다시 강조하고 싶다.

우리말의 어려움

한국 드라마에 심취한 외국인들은 대개 한국말이 참 듣기 좋은 언어라고들 한다. 실제로 우리말은 소리도 좋고 감성을 표현하는 데도 용이한 좋은 언어다. 특히나 우리나라는 전 세계 최고의 글자인 한글을 보유하고 있다. 한글은 우수하기도 하지만 전 세계 글자 중 특정한 발명자가 있는 유일한 글자이다.

내가 참가해온 국제수학올림피아드에서는 영어 버전으로 작성된 시험 문제를 각 나라 단장이 자기 나라 말로 번역하여 게시한다. 그때 게시된 문제들을 살펴보면 전 세계에서 사용하고 있는 글자의 종류가 그리 많지 않다는 것을 느낄 수 있다. 한편, 한글을 보는 외국인들의 눈에는 한글이 아주 특이하고 예뻐 보인다고 한다.

우리말은 용언이나 서술격조사에서 어미의 활용이 복잡하고, 조사의 사용법이 민감하여 외국인이 배우기에 그리 쉽지 않은 언어다. 자음동화와 된소리되기(경음화) 등으로 표기와 발음이 일치하지 않는 단어가 많고, 다양한 받침을 'ㄱ, ㄴ, ㄷ, ㄹ, ㅁ, ㅂ, ㅇ' 등 7개의 자음 중 하나로 발음하는 것도 외국인에게는 쉽지 않다.

수학을 전공하는 대학생들은 수강하는 전공과목을 영어로 된 교재로 배울 뿐만 아니라 수학을 영어로 쓰는 훈련을 받는다. 그 이유는 첫째, 전 세계의 모든 수학 논문이 영어로 통일되어 출판되고 있고, 둘째, 우리말이 영어에 비해 논리적인 서술에 불리하기 때문이다. 다소 복잡한 상황을 논리적으로 풀어 써야 하는 글은 영어로 쓰면 비교적 그 뜻을 알기 쉬운데 한글로 쓰면 오히려 해독하기가 매우 어렵다.

수학을 전공하는 학생들은 처음에는 영어로 수학을 배우는 것을 매우 힘들어한다. 그래서 영어 울렁증이 심한 학생들은 교과서의 한글 번역본을 구해와서 공부하기도 하는데, 대부분 별 이점을 얻지 못한다. 번역본이 더 이해하기 어려운 때가 종종 있기 때문이다.

그럼 우리말은 어떤 점 때문에 영어에 비해 논리에는 불리한 것일까? 그 몇 가지 이유를 살펴보자.

첫째, 우리말에서는 명사, 대명사, 수사 등 체언을 수식하는 관형사, 관형구(절)나 동사, 형용사 등 용언을 수식하는 부사, 부사구(절)와 같은 모든 수식어가 수식할 대상(피수식어)의 앞에만 오기 때문이다. 그래서 수식어가 길어지면 의미가 분명하게 전달되지 않을 수 있다. 반면 영어에서는 관계대명사나 전치사구 등을 이용해 피수식어의 <u>뒤에서</u> 수식할 수도 있다.

수학적 서술의 예를 몇 가지 들어보자. 역사상 가장 아름답고 위대한 정리라고 불리는 갈루아정리Galois Theorem에는 다음과 같은 말이 나온다(내용이 어려우므로 구체적인 의미까지 이해할 필요는 없다).

"~와 같은 부분적 순서관계를 갖는 집합들의 모둠에 대하여"

여기서 부분적 순서관계를 갖는 것이 '집합'인지 아니면 '모둠'인지 문장만 봐서는 구별하기 어렵다. 그럼 이 문장을 영어로 한번 써보자.

"for the collection of sets which has a partial order relation such as ~"

영어 문장에서는 부분적 순서관계를 갖는 것이 모둠이라는 것이 분명하다.

이번에는 수학 문제의 예를 하나 들어보자. 다음은 '2022년도 국제수학올림피아드'의 1번 문제에서 마지막 문장이다.

"초기의 배열이 어떤 것이더라도, 작업 과정의 어떤 순간에는 가장 왼쪽의 n개의 동전이 모두 같은 종류가 되도록 하는 순서쌍 (n, k), $1 \le k \le 2n$을 모두 구하여라."

문장이 길고 어려워서 독자들은 이게 무슨 말인지 이해하기 쉽지 않다. 사실 이런 우리말 문장은 수학자들에게도 그 뜻이 금세 머리에 들어오지 않는다. 영어에 익숙한 독자들에게는 다음의 영어 문장이 좀 더 이해하기 편하지 않을까 싶다.

"Find all pairs (n, k) with $1 \le n \le 2k$ such that for every initial ordering, at some moment during the process, the leftmost n coins will all be of the same type."

둘째, 영어에서는 부정관사와 정관사를 쓰므로 문장에 나오는 명사가 어떤 특정한 것인지 불특정한 것인지를 구별하기 쉽지만, 우리말에는 그런 구별이 없기 때문이다.

미국에서 박사학위를 받는 한국 사람들은 논문을 쓸 때 대부분 정관사의 용법에서 큰 어려움을 느낀다. 동양 언어에서는 쓰지 않는 품사이므로 아무래도 원어민처럼 사용하기가 수월하지 않다. 심지어는 부정관사를 써야 할지 정관사를 써야 할지 애매한 때도 있다. 예를 들어 "I don't feel good. I am going to see a/

the doctor(몸이 좋지 않아. 의사를 만나야겠어)"와 같은 문장에서는 내가 마음속에 정해둔 특정한 의사가 있다면 'the'가 맞고, 아직은 누구를 만날지 정해두지 않아서 아무 의사나 보는 것이라면 'a'가 맞다.

다음 사진은 지하철에 있는 임산부 배려석의 사진이다. 여기에 쓰인 영어 'for the pregnant woman'은 정관사 'the' 때문에 모든 임산부를 위한 자리가 아니라 '특정한' 임산부만을 위한 자리라는 뜻이 된다.

셋째, 우리말은 문장이 길어지면 가독성이 떨어지기 때문이다. 우리말에서는 서술어가 문장의 가장 뒤에 나오므로 의문문

인지 평서문인지, 긍정문인지 부정문인지 등을 문장을 다 읽고 나서야 알 수 있다. 또한 문장이 길어지면 주어와 서술어가 서로 멀리 떨어지게 되어서 주어가 무엇이었는지 헷갈릴 때가 있다.

그래서 수학적 서술에서는 조건을 나타내는 종속절이 길어지면 문장 앞에 영어의 'if'와 같은 의미로 '만일'이나 '만약'이라는 단어를 붙이기도 한다. 하지만 '만일'의 본래 의미는 '만 가지 중 하나'라는 뜻이므로 그 가정이 대부분 성립할 때는 사용하기가 꺼려지기도 한다.

여기에 한 가지 더 추가하자면, 영어에서는 문장에 '주어 + 서술어'로 시작하는 기본적인 틀이 있는 반면, 우리말에서는 서술어가 문장의 맨 뒤에서 나오므로 주어를 생략하거나 주어와 잘 맞지 않는 서술어가 등장하기 쉽다.

우리말에서는 주어를 생략할 때도 많다. 한국어와 영어의 한 비교 연구에 따르면, 한국어에서는 문장 중 68.79퍼센트가, 영어에서는 32.22퍼센트가 주어를 생략한다고 한다.*

넷째, 우리말의 부정문 사용법이 어려운 편이기 때문이다. 그래서 그런지 학생들에게 어떤 명제의 '부정명제'를 써보라고 하면 '어떤'과 '모든'을 헷갈려하는 경우가 많다. 간단한 예를 하나 들어보자. "세 문제를 받았는데 다 풀지 못했어요"라는 말을 들

---

* 박청희, 「주어와 서술어의 생략 현상 연구」, 우리말학회, 『우리말 연구』 제32호, 2013, p.39~61.

은 적이 있다. 이 말은 세 문제 중 한 문제도 못 풀었다는 뜻인지, 세 문제를 모두 풀지는 못했지만 한두 문제는 풀었다는 뜻인지 불분명하다.

"철수처럼 열심히 공부하지 않으면…"이라는 문장에서도 철수가 열심히 공부하는 학생이라는 뜻인지 그 반대라는 뜻인지 알 수가 없다. "철수는 영희같이 체력이 좋지 않다"라는 말에서도 영희가 체력이 좋은 사람인지 아닌지 잘 구별되지 않는다.*

우리말에서는 부정의 부정은 긍정이다. 반면 영어에서는 부정문은 대개 그냥 부정문이다. 예를 들어 "I do not know nothing"은 우리말로 직역하면 "나는 아무것도 알지 못하지는 않는다"라는 말이 되지만, 영어로는 아무것도 알지 못한다는 뜻이다. 즉, "I know nothing"과 같은 말이다. "너 밥 안 먹었니?"라고 물어볼 때도 한국인은 "네, 안 먹었어요"라고 대답하지만, 영어식으로는 "아니요, 밥 안 먹었어요"라고 하는 것과 비슷한 맥락이다.

우리말에서는 부정문을 자주 쓴다. '있다'를 '~밖에 없다'라고 하거나 '틀리다'를 '올바르지 않다'라고 한다. 그런데 가끔 부정이 지나칠 때가 있어서 "옳다고 하지 않을 수 없다는 의견에 동의하지 않는 것은 아니다"라든가 "~밖에 없다고 할 수는 없는 것이라 하는 것이 옳지 않다는 의견이 있으나…"와 같은 우스운

---

* 이런 경우에는 "철수는 영희와는 달리 체력이 좋지 않다"라든가 "철수는 영희와 마찬가지로 체력이 좋지 않다"와 같이 의미가 분명하도록 말하는 것이 좋겠다.

말을 늘어놓기도 한다. 실은 누구에게나 부정문을 제대로 쓰는 것은 어려운 일이다. 텔레비전 스포츠 중계를 보다가 들은 해설자들의 말실수를 예로 들어보자.

> (한 선수의 재능을 칭찬하며) "보통 사람이 아니면 가능하지 않은 겁니다."
> (큰 대회에서 처음 우승한 선수에 대해) "변변치 않은 우승 하나 없다가…"
> (한 텔레비전 프로그램에 나온 교수의 발언) "~라는 얘기로밖에 여길 수밖에 없죠."

물론 첫 번째 말은 "보통 사람은 가능하지 않은 겁니다", 두 번째 말은 "변변한 우승 하나 없다가," 세 번째 말은 "~라는 얘기죠"라는 뜻으로 말하려던 것일 테다.

끝으로 이것은 사소한 부분이어서 다섯 번째로 분류할 필요까지는 없지만, 우리말에서는 문장에서 비교되는 것(또는 인용되는 것)의 '동격'을 그다지 중요시하지 않으나 영어에서는 그런 편이다. 예를 들어 우리말로는 "담배가 미치는 해로움이 술보다 더 심각하다"라고 말해도 이상하게 들리지 않지만, 영어식 표현으로는 "담배를 피우는 것의 해로움이 술을 마시는 것의 그것보다 더 심각하다"라고 하는 게 보통이다.

한자어로 인한 어려움

한자어는 우리말을 어렵게 한다. 특히 한자에 익숙하지 않은 세대에게는 더욱 그렇다. 얼마 전에는 온라인상에서 '심심甚深한 사과'라는 한자어를 오해하여 생긴 논란이 큰 화제가 되기도 했다.

한자어는 우선 우리말 발음을 어렵게 한다. 주로 된소리가 문제가 되는데, 한글 표기에 된소리를 담아내기가 버겁다. 병원과 대학교에서 많이 쓰는 한자어 과科는 표준 발음은 [과]이지만 대개 '꽈'로 발음하여 대학교에서는 [꽈 사무실], [꽈 대표]와 같은 말을 자주 쓴다. '효과'의 발음이 된소리가 맞느냐 아니냐는 아직도 논란 중이다. 상장, 불법 등과 같은 단어는 뜻에 따라 된소리가 되기도 하고 아니기도 하다.

국립국어원도 한자어 때문에 고심이 많을 것 같다. 그들의 결정에 불만을 드러내는 사람들도 많다. 국립국어원은 10년쯤 전에 갑자기 수학에서 자주 쓰는 표현인 '최대값, 최소값'의 표기를 '최댓값, 최솟값'으로 바꾸어야 한다고 발표하여 수학 교과서, 참고서 시장에 파란을 일으키고 수학자들의 반발을 크게 샀다.* 그렇게 바꾼 이유는 '한자어＋순우리말'로 이루어진 단어의 경우 순우리말 단어의 첫 음운이 된소리로 발음되면 사이시옷을 붙

---

* 대푯값에서 '푯'이라는 글씨는 이전에 써본 적도 없는 글씨인 데다 칠판에 이 글씨를 써 보면 벌레같이 보인다.

인다는 법칙 때문이란다. '한자어 + 한자어'는 사이시옷을 붙이지 않는다. 하지만 이 두 가지 원칙에도 예외가 있다. 예를 들어 개수個數는 '개수'이지만 숫자數字는 '숫자'이다.**

수학에서 언어적으로 가장 논란이 많은 단어는 '만족'이라는 한자어다. 교과서 집필 시에는 물론이고 대학수학능력시험이나 한국수학올림피아드 출제 등에서 수학자들은 두 개의 파로 나뉜다. "다음 조건을 만족하는/만족시키는 ~를 구하시오"와 같은 문장에서 '만족하다'가 맞다는 파와 '만족시키다'가 맞다는 파가 있다.

내가 존경하는 이오덕 선생님이 쓴 『우리글 바로쓰기』라는 책에 보면 '혹사시키다', '실현시키다'처럼 사동을 뜻하는 접미사를 잘못 쓰는 경우가 있다고 지적하고 있다. 즉, '~시키다'는 '혹사하다', '실현하다'처럼 '~하다'로 써야 한다고 나와 있다. 불행히도 이 선생님이 예로 든 단어 중에 '만족시키다'는 없지만, 나는 이와 같은 맥락에서 '만족하다'를 지지한다.

결국은 '만족하다'를 타동사로 쓸 수 있느냐 없느냐 하는 것이 논점이다. 참고로 중국어에서는 만족滿足을 타동사 satisfy의 의미로 쓴다. 그래서 중국어식 용법을 그대로 받아들인다면 '만족하

** 국립국어원은 '한자어 + 한자어'에서는 곳간, 셋방, 숫자, 찻간, 툇간, 횟수 등 6개의 단어만 예외적으로 사이시옷을 넣는 것으로 정했다. '찻잔'의 경우에는 '차'가 한자가 아니라는데 이 해석은 납득하기 어렵다.

다'가 맞을 것이다. 일본어에서는 한자어를 쓰지 않고 '만족하다'
는 의미의 타동사로 '미타스みたす'라는 단어를 쓴다.

숫자 읽는 법도 한자어 때문에 혼란스럽다. 우리는 코로나19
팬데믹을 맞아 질병관리청 발표자와 방송 진행자가 확진자 수
를 매일 발표하는 것을 들었다. 그때 발표자는 535명을 '오백서
른다섯 명'으로, 36506명을 '삼만육천오백여섯 명'이라고 읽는
다. 즉, 백 단위까지는 한자어로 읽고, 십 단위부터는 고유어로
읽는다. 방송용 표준어라고 한다.

하지만 2년이 넘도록 매일 들어도 수학자인 나에게는 이렇게
숫자를 읽는 것이 이상하게 들린다. 그냥 십 단위 수 '36'을 우리
말로 '서른여섯'이라고 읽는 것은 자연스럽다. 하지만 백 단위 이
상의 큰 숫자를 읽을 때 굳이 한자어와 고유어를 섞어가며 수를
읽는 것은 듣기 거북하다. 예컨대 '120'은 '백스물'로, '120만'은
'백이십만'으로 읽으라는 것이다. 수십 년간 한자어로만 읽어오
던 방식이 갑자기 바뀌니 영 적응이 되지 않는다. 실은 그렇게 읽
는 이유가 잘 납득되지 않아서 더 그럴 것이다.

03

따지기와 지적하기

지금까지 논리도 습관이 중요하니 우리가 각자 평소에 정확함을 추구하는 습관을 기르도록 노력해야 하고, 우리 사회도 그런 것을 존중하는 문화를 일구어 나가야 한다고 이야기했다. 이것에 추가하여 우리 사회가 갖고 있는 몇 가지 문화적 특성에 대해 좀 더 이야기해보고자 한다. 그것은 바로 옳고 그름을 세세히 따지기, 남이 잘못하는 것을 지적하기 등에 대한 이야기이다.

따지는 것과 친해지기

요즘에는 좀 덜해지긴 했지만 예전에는 사소한 것을 꼬치꼬치 따지는 사람은 "까다롭다", "건방지다"라고 하면서 남들이 싫어했다. 좀 정확하지 않거나 이상한 것을 보더라도 그러려니 하면서 넘어가는 사람은 성격이 원만한 사람 또는 통이 큰 사람으로 통했다.

'따지다'의 사전적 의미는 "꼼꼼히 살피거나 옳고 그름을 밝혀 가리다" 또는 "(숫자나 관계 따위를) 구체적으로 셈을 하여 정확하게 헤아리다"이다. '따지다'의 원래 의미는 이렇게 좋은데, 이 말을 들으면 "쓸데없이 사소한 것을 물고 늘어지다" 또는 "(어떤 곳을) 찾아가 항의하다"와 같은 다소 부정적인 의미를 떠올리는 사람이 많은 듯하다.

나는 우리 사회가 따지는 행위와 따지는 사람을 좀 더 긍정적인 시각으로 바라보면 좋겠다는 생각을 갖고 있다. 사회가 발전할수록 점점 더 정확하고 분명하기를 요구하고 합리적인 사고와 행정이 필요해진다. 따라서 사람들이 사소한 것이라도 정확한지 부정확한지, 옳은지 그른지를 따지는 것에 좀 더 관대해지기를 바란다. 앞서 여러 번 강조한 대로 그런 것들도 익숙해져야 실제 상황에서 잘 발현될 수 있다.

따지기의 예를 들어보자. 예전부터 "우리는 세 가지 나이를 쓴다”라고 말하면 사람들은 대개 '그런가?' 하는 반응을 보인다. 보통 쓰는 나이와 만 나이가 있다는 건 알지만 '세 가지라니? 다른 하나는 뭐지?'라고 생각하는 것 같다. 우리나라에서는 한국식 나이, 서양식 만 나이 그리고 (한국식 나이보다 늘 한 살 적은) 소위 공식 나이 등 세 가지가 쓰인다. 매년 연초에는 대다수 사람이 이 세 가지 나이가 다 다르다.

최근에 정부에서 2023년도 6월부터 우리도 만 나이를 쓰기로 한다고 발표했다. 나는 대찬성이다. 한 사람의 나이가 세 가지나 있다는 것이 불편하지 않은가? 참고로 우리의 이웃 나라인 일본과 중국을 살펴보면 일본은 서양식 만 나이를, 중국은 우리나라에서 쓰는 공식 나이(연 나이라고도 부른다)를 쓴다. 우리나라에서도 일본이나 중국처럼 나이를 한 가지로 통일하면 좋겠다. 2022년 9월에 나온 한 기사*에 따르면 법제처가 설문조사를 한 결과, 국민의 81퍼센트가 만 나이로 통일하는 법안이 신속히 처리되기를 바란다고 한다. 그런데 실은 아직도 국민 대다수가 만 나이와 연 나이를 잘 구별하지 못하거나 그 차이를 굳이 따지려고 하지 않는다.

웃고 넘어갈 만한 작은 예를 하나 더 들어보자. 다음은 내 친구가 보내온 재미있는 사진이다. “다 드신 음료를 카운터로 반납하

---

* https://newsis.com/view/?id=NISX20220922_0002022581&cID=10201&pID=10200

라"라고 하면 마신 음료를 카운터에다 토하라는 것이냐며 보내왔다. 가볍게 웃어넘길 일이지만, 부정확한 언어 사용 문화의 한 단면을 엿볼 수 있는 장면이다. 우리는 이런 사소한 것을 굳이 따지면 이상한 사람이라며 손가락질을 받기 쉽다.

다음은 내가 겪은 경험담이다. 코로나19 팬데믹 탓에 외국 출장이 쉽지 않던 2021년 여름에 러시아에서 열리는 국제수학올림피아드IMO에 참석하고자 코로나19 백신 '우선 접종'을 신청하여 2차 접종까지 마치고 출국했다. 출국하기 2주 전까지 2차 접종을 마친 사람은 귀국한 후에 2주간의 자가 격리를 하지 않아도 되었으므로 나는 복잡한 행정절차를 거쳐 미리 신청하고, 담당 공무원이 정해준 날짜에 가서 2차 백신을 맞았다. 하지만 귀국한 다음 날 보건소에서 전화가 왔는데, 내가 하루 일찍 출국했으므로 2주간 자가 격리를 해야 한다는 것이 아닌가? 공무원이 지정해준 날짜에 가서 백신을 맞았는데, 거기에 오류가 있었던 것이다.

그러면 왜 오류가 났을까? 정부가 발표한 규정에는 분명히 '2주 전'에 맞으면 자가 격리 면제라고 적혀 있었다. 정책을 수립하는 사람들은 그저 '2주'라고 기간을 정했는데, 그것의 시행 단계에서 누군가가 '2주가 지난 후 그다음 날에' 출국한 사람부터 자가 격리를 면제한다고 정한 것 같고, 정작 방역을 담당하는 현장의 공무원들에게는 그런 자세한 내용이 제대로 전달되지 않은 것이다. 규정을 애초에 2주 전 대신 15일 전이라고 정했으면 아무도 오해하지 않았을 텐데 말이다.

물론 이런 오류가 생길 수도 있다. 그런데 진짜 문제는 그런 오류가 생기는 것 자체보다는 그 일을 별것 아닌 것으로 여기는, 그래서 아무도 반성하거나 책임지지 않는 사회적 분위기다. 우리는 주변에서 "대충합시다"라고 호탕하게 말하는 사람을 흔히 볼 수 있다. 그래서 오류가 발생해도 제대로 수정되지 않는 분위기가 만연해졌는지도 모른다. 따지는 사람이 많아진다고 반드시 세상이 팍팍해지는 것은 아니다. 꼼꼼히 따지는 사람도 대개는 너그럽게 봐주고 넘어갈 부분과 자세히 따져야 할 부분을 구별할 줄 알기 때문이다.

따지는 것에 관해 이야기하는 김에 영화 〈명량〉에 대해 한번 따져보자. 이 영화는 관람객이 1700만 명이 넘는 역대 흥행 1위를 차지한 작품이다. 나는 원래 영화를 무척 좋아하고 영화의 스토리를 그리 따지며 보는 편은 아니지만, 내가 해군 출신이어서 그런지 몰라도 이 영화의 스토리는 영 마음에 들지 않는다. 우리 민족의 최대 영웅인 이순신 장군을 깎아내리는 장면이 많기 때문이다.

그 이전에 대성공한 〈괴물〉과 같은 영화도 말이 안 되는 이야기로 채워져 있긴 하지만, 그 영화는 순수한 허구니까 그런 것은 별로 문제가 되지 않는다. 하지만 영화 〈명량〉은 이순신 장군이 실제로 승리한 역사적인 전투를 영화화한 것인 만큼 어느 정도는 그럴 법해야 하고, 최소한 주인공인 이순신 장군을 깎아내려서는 안 된다고 생각한다. 이 영화에서 이순신 장군이 어려운 상황에 부닥쳤는데도 결국 승리를 거두었다는 내용을 극적으로 표현하고 싶었다는 의도는 이해한다. 하지만 그 의욕이 과하다 보니 위대한 군인인 이순신 장군을 무능한 군인으로 묘사한 측면이 있다.

지휘관이 전투에서 이기려면 필수적으로 갖추어야 할 소양이 몇 가지 있다. 첫째, 부하들의 신뢰를 바탕으로 한 통솔력을 갖추어야 한다. 둘째, 병사들의 사기를 높이면서도 좋은 규율을 유지해야 한다. 셋째, 좋은 전술을 수립해서 그 전술을 자기 군사들이 이해하고 수행할 수 있도록 이끌어야 한다. 그런데 이 영화에는 다음과 같은 장면들이 나온다.

- 장면 1. 최측근 부장들이 모두 이순신 장군을 불신하고, 그중 한 명은 밤에 한 척밖에 남지 않은 거북선을 불태우고 도망간다.
- 장면 2. 부하들의 사기는 땅에 떨어지고 도망가는 자들이 속출한다.
- 장면 3. 전투 전날 밤에 병사들이 잘 쉬어야 하는데, 이순신 장군은 부하들이 자신을 불신하자 병사들의 숙소를 불태운다.
- 장면 4. 이순신 장군은 부하들에게는 물론이고 아들에게조차 다음 날 전투에서 수행할 전술에 대해 알려주지 않는다.
- 장면 5. 다음 날 전투가 벌어지자 이순신 장군은 그 자신이 타고 있는 배 한 척만 이끌고 적진으로 뛰어들고, 다른 배들은 뒤따르지 않는다.
- 장면 6. 결국 이순신 장군이 원래 준비한 전술은 없었다는 게 밝혀지고, 그저 상대방의 공포심과 빠른 물살이라는 천운 덕분에 승리를 거둔다(여기에 더해 바닷가 바위에 서 있던 청각장애인 정씨 여인[이정현 분]이 치마를 벗어서 흔들어 신호를 보내 전투를 돕는 운도 따른다).

이러한 장면들은 이순신 장군이 유능한 장수가 아니었지만 승리하겠다는 의지가 강하고 운도 따라서 전투에서 이긴 것처럼 묘사하고 있다. 하지만 실제로는 이 영화에서와는 달리 이순신 장군이 유능했기에 명량해전에서 승리를 거두었을 것이다. 이 영화의 스토리는 내가 어릴 때 즐겨보던 김일 선수의 프로레슬링 경기를 연상하게 한다. 김일 선수의 경기는 늘 그가 경기 내내 형편없이 밀리다가 마지막 순간에 박치기 기술로 극적인 승리를 거두는 것으로 스토리가 짜여 있었다.

나는 예전에 해군사관학교에서 교관을 해서 그런지 이런 해군 관련 영화에는 유난히 민감하다. 어려서부터 중국 무협물을 가장 좋아했고 지금도 〈해리 포터〉, 〈반지의 제왕〉과 같은 판타지물이나 공상과학물, 〈어벤져스〉 시리즈와 같은 슈퍼히어로 영화를 좋아한다. 이런 영화에서 등장인물이 만유인력을 무시하고 높은 지붕 위로 뛰어 오르고 심지어는 공중에 떠 다녀도 그게 말이 되느냐고 하지 않는다. 하지만 공상과학영화나 판타지영화도 스토리에 최소한의 짜임새가 깃들어 있어야 재미있다.

독자들은 내가 너무 따진다고 느낄지 모르겠다. 그래도 요즘에는 나같이 이것저것 꼼꼼히 따지는 사람과 사소한 것이라도 정확하게 하려는 사람들이 점점 늘어난다는 느낌을 받는다. 나는 그런 사람들이 우리 사회를 더 팍팍하게 한다고 생각하지는 않는다. 대충 넘어간다고 해서 마음이 더 편해지고, 정확히 따져본다고 해서 마음이 불편해지는 것이 아니기 때문이다. 이런저런

감수성이 예민한 사람들이 더 많아져야 모든 사람의 행복 지수
도 더 높아지리라고 믿는다.

지적문화

나는 남의 잘못이나 부족한 점을 지적하는 문화에 '지적指摘문
화'라는 이름을 붙여 보았다. 이름을 붙이면 개념을 확대 재생산
하기에 용이하기 때문이다. 우리나라 사람들은 남의 잘못된 행동
이나 말에 대해 가급적 지적하지 않는다. 지적받는 사람이 아주
기분 나빠하기 때문이다.

반면 미국, 영국, 일본 등에서는 우리나라보다는 지적문화가
훨씬 강하다는 것을 느꼈다. 그리고 그런 문화가 수백 년의 세월
에 걸쳐 결국 그 나라들이 선진국으로 발전하는 데 큰 역할을 한
것이 아닐까 하는 느낌을 받았다.

우리도 과하지 않은 범위 내에서 본인은 느끼지 못하는 잘못
이나 부족한 점을 남이 지적해주는 것에 관대한 사회적 분위기
를 키우는 것은 어떨까? 지적하는 문화는 지적하는 사람과 지적
받는 사람이 모두 정확함과 올바름을 추구하는 습관을 기르는
데 도움이 되리라고 믿는다.

얼마 전에 유튜브에서 꽤 오래된 텔레비전 프로그램을 본 적

이 있다. 이 영상에서 사회자가 두 어린이에게 "잔소리와 충고의 차이는 뭘까요?"라고 질문하니까 그중 한 어린이가 "잔소리는 왠지 모르게 기분 나쁜데, 충고는 더 기분 나빠요"라고 대답했다. 우리 사회의 단면을 잘 묘사한 재미있는 장면이다.

한국인은 유난히 남의 지적과 충고를 싫어한다. 나는 오랫동안 축구, 테니스, 농구, 탁구 등의 운동을 해왔는데 운동할 때 남에게 기본적인 사항이라도 뭘 좀 가르쳐주기가 쉽지 않다. 나는 가르쳐주려고 말해도 상대방이 내가 자기 잘못을 비난하거나 너무 잘난 척한다고 느끼는 경우가 많다.

예전에 미국에서 겪었던 일이다. 하루는 워크온walk-on 코트에 가서 모르는 학생들과 농구를 하는데, 나와 우리 편 학생 둘이 2:1 속공을 하다가 내가 마지막 패스를 우리 편 학생에게 잘 주어 그가 레이업으로 골을 넣었다. 아주 전형적인 쉬운 속공이었다. 그런데 골을 성공한 학생이 돌아 나오며 "왜 바운스 패스를 하지 않았지?"하고 지적하는 것 아닌가? 그때 처음 보았는데, 그 후에도 이와 비슷하게 학생들이 운동할 때 서로에게 지적질하는 모습을 흔히 볼 수 있었다.

내가 미국에 유학을 갈 당시에는 한국인들은 누구나 미국인들이 어디서나 줄 서는 모습을 보고 문화 수준의 차이를 실감했다. 줄 서기 문화가 그 나라의 문화 수준을 대변하기도 하지만, 거기에도 문화적 배경은 따로 있다. 바로 지적문화이다. 당시 미국의 맥도날드에서는 누군가 줄을 서지 않고 그냥 계산대로 다가가면 주문받는 종업원이 당장 눈을 부라리며 줄을 서라고 소리 질렀다. 즉, 누군가 새치기하는 행동을 바로 지적하기에 줄을 서지 않을 수가 없는 것이다.

이러한 지적문화는 영국도 만만치 않다. 예전에 영국에서 장기 체류할 때, 대중교통이 불편하여 자전거 가게에서 자전거를 샀다. 그리고 가게에서 나와 새 자전거를 타고 찻길까지 넓은 인도를 대각선으로 약 20미터 정도 가로질러 가는데, 갑자기 어떤 신사가 소리를 지르며 내게 뛰어오는 것이 아닌가? 불과 몇 초라고 할지라도 자전거는 찻길로 다녀야 하는데 왜 인도로 다니느냐며 내 행동을 지적한 것이었다.

오래전에 일본에서 1년간 머물렀던 때 이야기를 하나만 더 해보자. 내가 있던 대학에 한국에서 온 유학생이 제법 많았다. 어느 주말에 그 유학생들끼리 학교 운동장을 대여해 야구를 하는데, 대여 마감 20분 전쯤에 학생들이 하던 운동을 그만두고 모두 밀대를 들고나와 운동장 바닥을 미는 것이 아닌가? 아니, 이 학생들은 분명히 한국에서 온 학생들인데, 어떻게 이런 행동을 자발적으로 하는 것일까 하는 의문이 생겼다. 이유는 간단했다. 그렇게 하지 않으면 운동장 관리인이 아주 크게 야단을 칠 뿐만 아니라 학교 당국에 보고하여 불이익을 줄 수도 있기 때문이다.

일본인은 첫인상이 순한 양과 같아도 누군가 자신들의 상식에 어긋나는 행동을 하면 금세 눈을 크게 뜨고 지적하는 모습을 보인다. 또 일본인은 이런저런 자잘한 규정이나 매뉴얼을 만들고, 그것을 지키기를 좋아한다. 예컨대 한 회사의 신입 사원이 복사기 사용 규정(대개는 별거 아닌 관습 같은 것)을 잘 몰라 복사물 정리를 이상하게 하면 바로 다른 직원들이 회사의 규정을 가르쳐준다. 신입 사원이 잘 모르는 것을 다른 직원이 가르쳐준 것이지만, 만일 그 신입 사원이 한국인이라면 지적질을 당했다고 기분 나빠할지도 모른다.

나는 대다수 선진국이 공통으로 어느 정도 수준의 지적문화를 갖고 있고, 그 문화가 그 나라들이 일찍이 선진국이 되는 데 일정 부분 역할을 했다고 믿는다. 과하지 않은 범위 내에서 서로 자기 자신은 느끼지 못하는 잘못이나 부족한 점을 지적해주고 받아들이는 분위기가 조성된다면 각자의 발전에 도움이 될 수 있을 것이다.

한편으로는 독자들이 내가 지적문화를 옹호하는 의견을 보면서 자신이 겪었던 일부 지나치고 기분 나쁜 지적을 받은 경험을 떠올리지 않으면 좋겠다. 내가 하고 싶은 말은 어느 정도 잘못이나 부족한 점을 지적하는 일은 필요하고, 또한 각자 남의 올바른 지적에도 무조건 부정적인 감정을 품을 필요는 없다는 말이다. 남들이 내 잘못이나 부족함을 지적해주면 그 말이 틀린 말이 아닌 한 내 발전에 도움이 될 텐데 왜 기분이 나쁜가?

나는 어렸을 때 바른생활이라는 과목에서 배운 '일일삼성一日三
省'의 정신을 평생 간직하며 살아왔다. 하루에 세 번은 아니더라
도 될 수 있으면 자주 나 자신의 행동과 말을 반성하려고 노력한
다. 자기 자신의 부족한 점이나 잘못을 부끄러워하는 자만이 지
속해서 발전하고 결국 현명한 사람이 될 수 있다고 믿는다. 얼마
전에 오랜만에 옛 제자를 만났는데, 그 친구가 나에게 "교수님
말씀을 듣고 저는 매일 밤 자기 전에 반성하는 시간을 갖습니다"
라고 이야기해주어 무척 고마웠다.

평소에 자신을 돌이켜보고 남들의 지적에 귀를 기울이는 태도
는 청소년기에 자기 발전을 촉진하기도 하지만, 인생의 후반기
에는 두뇌의 퇴화를 늦춘다. 사람은 대개 늙어가면서 두뇌의 기
능이 떨어지고 판단력, 분별력이 퇴보한다. 하지만 남의 말을 진
지하게 듣고 자기성찰을 계속하는 사람은 나이를 먹어도 지속적
으로 더 현명해질 수 있다. 반면 평소에 남의 말을 듣기 싫어하는
사람은 노인이 되어가는 과정에서 급격히 지적 소양과 문화적 감
수성을 잃어가는 모습을 보이게 된다.

주변에서 마주하는 사소한 불합리들

내가 반복해서 강조하고 싶은 것은 일상생활에서 사소한 것들

에 대해서도 합리적으로 생각하고 행동하는 습관을 들이는 것이다. 그런 의미에서 우리가 주변에서 경험할 수 있는 아주 사소한 불합리의 예를 몇 가지만 들어보고자 한다.

우리는 차와 사람이 같이 다니게 되어 있는 좁은 골목길에서 자동차가 앞서 걸어가는 사람들에게 비키라고 빵빵거리는 장면을 종종 볼 수 있다. 그런데 왜 차가 사람보다 먼저 갈 권한이 있는 것일까? 단순히 차가 빠른 속도로 움직일 수 있기 때문일까? 아니면 예전에는 높은 사람들만 차를 타고 다녀서 아직도 그런 인식이 남아 있기 때문일까? 사람들이 자기보다 더 빠른 속도로 움직일 수 있는 자동차에 길을 비켜주는 것이 보통이긴 하다. 그렇지만 뒤에 있는 자동차가 앞에 가는 사람들한테 비키라고 요구하는 것이 과연 당연한 일일까? 골목길이 많은 일본에서는 자동차가 사람들이 비켜주기 전까지 조용히 인내심을 갖고 뒤따라가는 모습을 흔히 볼 수 있다.

내가 사는 집은 오래된 아파트여서 주차장이 매우 좁다. 그래서 아파트 관리사무소에서는 오래전부터 정상적인 세로주차 외에도 평행주차(일렬주차)를 할 수 있도록 선을 그어놓았다. 그 선은 두 줄이고 안쪽과 바깥쪽이 있는데, 사람들이 언제인가부터 바깥쪽 한 줄에만 주차해서 안쪽 줄은 늘 비어 있다. 안쪽 줄에 주차하면 나중에 차를 뺄 때 불편하니까 그렇게 하겠지만, 결국은 그 때문에 주차할 수 있는 전체 공간이 줄어들어 아예 주차

하지 못하는 차들이 생긴다. 다들 주차 공간이 부족해 불편해하고, 그 탓으로 아파트 가격이 오르지 않는다고 불평하면서도 말이다. 우리 아파트에서 안쪽 선에 주차하는 사람은 나밖에 없다. 내가 이상한 사람이라 나만 그렇게 하는 것인지도 모르겠다.

이런 예시들은 모두 무척이나 사소한 일이다. 하지만 논리적 사고는 거창하기만 한 것이 아니라 이렇게 우리의 생활 속에 가까이 있다.

2부

논리적 사고

04

논리학의 기본

근대에 이르러 학문 간의 경계가 생기기 전까지 오랜 세월 동안 여러 학문은 한 몸이었다. 고대 그리스의 학자들은 요즘 개념으로 치면 철학자이자 수학자이자 논리학자이자 과학자였다. 그리스는 당대의 다른 문명에서는 상상하기 어려운 높은 수준의 문화를 이룩했다. 아테네에서는 일정 수준의 민주주의가 시행되었고, 그리스의 학자들은 정확함을 추구하는 수학과 논리학 그리고 세상의 신비를 안고 있다고 여긴 기하학을 매우 중시했다.

그리스의 많은 학자 가운데 수학, 과학, 논리학, 과학철학 등에서 근대에 이르기까지 가장 큰 영향을 미친 사람을 꼽는다면 바로 아리스토텔레스BC 384~BC 322이다. 아리스토텔레스는 당대 최고의 박식가로 수학, 논리학, 철학 외에도 물리학, 생물학, 문학, 윤리학 등 다방면의 전문가였고, 여러 분야에 많은 저술을 남겼다.* 아리스토텔레스가 후세에 미친 영향력이 자기 스승인 플라톤BC 428?~BC 348?과 그의 스승인 소크라테스BC 470?~BC 399보다 더 컸던 것은 그가 상대적으로 더 뒤 세대 사람으로서 선대 학자들의 지식과 사상을 배운 후에 그것을 토대로 새로운 지식과 사상을 일굴 수 있었기 때문일 것이다.

알렉산드로스 대왕BC 356~BC 323의 스승이기도 했던 아리스토텔레스는 생전에 전 그리스에서 가장 유명한 지식인이었다. 아리스토텔레스는 스승인 플라톤의 관념론적 이상주의(이데아 철학)를 비판하고 실증론적 현실주의를 지향했다. 특히 논리학 분야에서 두드러진 업적을 남겼는데, 그 덕분에 유럽에서 2000년간 논리학의 최고 권위자로 인정받았다. 아리스토텔레스가 언급했던 다음과 같은 **연역적** 삼단논법은 무척이나 유명하다.

---

* 제목이 알려진 아리스토텔레스의 저서 중에서 약 1/3 정도만이 현재까지 전해지고 있다. 그의 문장은 매우 유려했다고 한다.

플라톤은 소크라테스의 제자로 아카데미아를 설립하고 많은 제자들을 키웠다.

사람은 다 죽는다.

소크라테스는 사람이다.

그러므로 소크라테스는 죽는다.

　아리스토텔레스가 학문적으로 후대에 가장 중대한 영향을 미친 분야는 바로 '과학철학'이다. 그는 자연현상과 법칙을 신이나 종교적 환상에 의존하지 않고 순수한 이성과 관찰을 통해 연구해야 한다는 정신을 후대에 남겼다. 그의 이러한 과학철학은 그가 죽은 지 1600년쯤 후에 유럽에서 르네상스 시대가 열리는 데 큰 영향을 미치게 된다.

아리스토텔레스는 후세에 가장 큰 영향을 미친 그리스의 학자이다.

아리스토텔레스의 철학은 데카르트1596~1650*에게로 이어졌고, 그의 우주론은 뉴턴1643~1727이 수정하기 전까지 오랜 세월 동안 진리로 받아들여졌었다. 아리스토텔레스로부터 시작된 자연철학 natural philosophy이라는 용어는 자연을 탐구하는 실험적 연구를 의미했다. 이 용어는 19세기 초 과학science이라는 말이 등장하기 전까지는 수학, 물리학, 생물학 등을 포괄하는 의미로 사용되었으며, 19세기 중반 이후 한동안은 물리학을 의미하는 말로 쓰였다.

* 데카르트의 "나는 생각한다, 고로 존재한다"라는 유명한 말은 본인이 표방한 의미 외에도 '종교의 영향에서 벗어나 순수하고 합리적인 이성만으로 세상의 이치를 연구한다'라는 의미를 내면에 깔고 있다. 철학에서의 탈종교화를 선언한 말로 해석할 수 있다.

데카르트의 과학철학은 근대의 과학과 수학이 발전하는 데 큰 영향을 미쳤다.

그리스와 아라비아의 수학과 논리학

아리스토텔레스의 학문적 업적이 후대의 유럽에 온전히 전해
지는 데는 이슬람 세계의 학자들이 큰 역할을 했다. 특히 이슬
람 세력이 (스페인과 포르투갈이 위치한) 이베리아반도를 지배하
던 때의 수도였던 코르도바**의 유명한 학자 이븐 루시드Ibn Rushd,
1126~1198(일명 아베로에스)는 아리스토텔레스가 쓴 거의 모든 저작
의 주해서를 저술했고, 그 책들은 유럽의 르네상스에 커다란 영

** 이베리아반도는 711년부터 이슬람 세력의 지배하에 있었고, 코르도바는 10세기경에는
인구가 50만 명에 이르렀다고 한다. 이 도시는 전 세계에서 가장 큰 도시 중 하나였을 뿐 아
니라 이곳의 문화 수준은 강력한 기독교의 영향 하에 놓여 있던 유럽보다 더 높았을 것이다.

향을 미치게 된다. 이븐 루시드의 저술은 상당수가 현존한다.

코르도바 사람으로 그리스 철학자들의 저술을 번역하는 데 크게 공헌한 또 다른 이는 유대인 모세 벤 마이몬Moshe ben Maimon, 1135~1204(일명 이븐 마이문 또는 마이모니데스)이다. 마이몬은 당대 이슬람 세계 최고의 과학자이자 역사가이면서도 한편으로는 권위 있는 랍비(유대교의 현인이나 율법학자)였다. 마이몬이 저술한 열네 권으로 이루어진 『미슈나 토라Mishneh Torah』는 지금까지도 유대교 율법의 교과서적 고전이다.

시간을 거슬러 올라가 9세기의 아라비아로 가보자. 이슬람교의 발상지인 중동 지역은 도시 바그다드를 중심으로 문화적 부흥을 이룬다. '신의 정원'이라는 뜻의 바그다드는 아바스 왕조750~1258의 2대 칼리파 알만수르al-Mansur, 938~1002가 건설한 도시로 거대한 원형의 요새같이 생긴 인공 도시다. 아바스 왕조는 다마스쿠스를 수도로 한 우마이야 왕조661~750를 무너트리고 세운 왕조로서, 예언자 무함마드의 큰아버지인 아바스Abbas의 자손이라는 것을 내세운 페르시아인이 주축이 되어 세웠다.

바그다드의 최대 전성기는 5대 칼리파인 하룬 알라시드Harun al-Rashid, 763~809와 그의 아들인 7대 칼리파 알마문al-Mamun, 786~833 시기이다. 그 유명한 『아라비안나이트』가 하룬 알라시드 시대의 이야기이다. 당시 바그다드는 중국 당나라의 수도 장안과 더불어 인구가 100만 명이 넘는 세계 최대의 도시였다. 이곳의 유명한 도서관이자 학문 연구 기관이던 '지혜의 집'은 알마문의 지시로 지어졌다.

이 시대는 이슬람의 황금기였는데 앞서 언급한 세 명의 칼리파는 광활한 이슬람 제국의 지배자이면서도 학문의 발전에 큰 공헌을 했다. 그들은 지식인이라면 인종과 종교를 가리지 않고 중시하며 재정적으로 지원해줬다. 아바스 왕조는 페르시아인들이 주도권을 잡고 있었지만 아라비아인, 유대인, 기독교인 등 모든 민족에게 포용적이었다. 사방에서 모인 학자들은 학문을 연구하는 데 사상적, 종교적, 정치적 제약을 받지 않았다.

바그다드의 학자들도 그리스 수학자들의 책을 번역하는 데 크게 공헌했다. 이 번역 사업에는 기독교인(대부분 그리스인)이 주도적인 역할을 했다고 한다. 그들은 아리스토텔레스, 유클리드, 프톨레마이오스, 파포스Pappos, 디오판토스Diophantos 등의 저서를 아랍어로 번역했다. 이 아라비아어로 번역된 책들이 나중에 유럽에 수입되어 르네상스 시대가 열리는 데 큰 영향을 미친다.

위대한 수학자 알콰리즈미al-Khwarizmi, 780?~850?는 '지혜의 집'에서 연구 활동을 한 페르시아인(지금 우즈베키스탄의 카레즈미가 고향)으로 여러 권의 수학책을 저술했다. 알콰리즈미의 저서는 중세에 유럽으로 수입되어 그의 이름은 유럽에서도 유명했다. 아라비아숫자도 알콰리즈미의 책을 통해 유럽으로 전파되었고, 대수학을 뜻하는 '알제브라algebra'도 그의 저서에 등장하는 단어에서

알콰리즈미의 초상

기원했다. '알고리즘algorithm'도 그의 이름에서 따온 말이다.

중세 유럽은 1000년이 넘는 오랜 침체기를 거치는 동안 학문의 발전이 미미했다. 하지만 유럽으로서는 다행스럽게도 그동안 이슬람 세계에서는 그리스의 과학철학과 기하 그리고 인도의 수준 높은 수학을 받아들여서 더 높은 수준으로 발전시키고 있었다. 이슬람 세계의 철학과 지식은 13세기 이후에야 유럽의 지식인들에게 전달되기 시작했다.

아리스토텔레스에 못지않게 후대에 큰 영향을 미친 수학자로 유클리드(BC 300년 전후 활동)*를 꼽을 수 있다. 유클리드는 약

* 유클리드는 그의 영어 이름이다. 그리스어 이름인 에우클레이데스Eukleides를 쓰는 것이 좀 더 일관성이 있겠지만, 대다수 독자에게는 영어식 이름이 더 익숙할 것이므로 그냥 영어

1000년간 지중해 지역에서 문화와 학문의 중심지 역할을 하던 알렉산드리아**에서 활동한 수학자다. 유클리드의 일생에 대해서는 잘 알려지지 않았지만, 그가 저술한 열세 권으로 이루어진 『원론Stoicheia』은 무척이나 유명하다.

『원론』은 2000년이 넘는 세월 동안 유럽에서 수학 교과서로 사용되었고, 역사상 가장 오랫동안 가장 많은 사람이 공부한 수학책이다. 기하학과 정수론을 다룬 이 책은 그 내용도 좋지만, 공리들로부터 여러 가지 정리를 이끌어 내는 이 책의 형식이 수학책의 표준이 되면서 그 이후 오랜 세월 동안 수많은 수학책이 이 형식을 따랐다. 뉴턴이 저술한 『프린키피아』***도 그 내용을 서술하는 기본적인 틀은 이 책을 따랐다.

그리스에서는 대수학보다는 기하학이 발달했지만, 정수론의 수준도 상당히 높았다는 것을 『원론』에 나오는 '완전수'에 대한 내용을 보면 알 수 있다. 완전수는 피타고라스BC 570?~BC 495?도 큰

이름을 쓴다.

** 알렉산드로스 대왕의 이름을 따서 건설한 도시다. 알렉산드로스 대왕의 부하 장군이던 프톨레마이오스가 이곳에서 고대 이집트의 마지막 왕조(BC 323~30)의 제1대 파라오 자리에 오른다. 이 왕조의 마지막 파라오가 그 유명한 클레오파트라다.

*** 『자연철학의 수학적 원리Philosophiae Naturalis Principia Mathematica』라는 제목으로 라틴어로 쓴 책인데, 이때 원리라는 뜻의 라틴어 '프린키피아principia'가 줄임말로 이 책의 이름이 되었다. 이 책은 유클리드의 『원론』, 클라우디오스 프톨레마이오스(83?~168?)와 로마 시대 이집트 학자들의 저서를 아랍어로 번역한 『알마게스트Almagest』와 더불어 역사상 가장 큰 영향을 미친 3대 수학서(과학서)로 꼽힌다.

흄의 초상   칸트의 초상   피히테의 초상

관심을 가졌다고 전해지는 정수로, 1+2+3=6과 같이 '자기 자신을 제외한 약수들을 더했을 때 자기 자신이 되는 정수'를 말한다. 유클리드는 2^p-1(이때 p는 소수)이 소수라면 $2^{p-1}(2^p-1)$ 꼴의 정수는 모두 완전수라는 것을 알았다.[*] 이때 2^p-1 꼴의 소수를 메르센느의 소수Mersenne prime라고 한다.

그리스의 수학을 한마디로 표현한다면 '공리적 논증 수학'이라고 할 수 있다. 이것을 가장 잘 나타내는 책이 『원론』이다. 그리스에는 아리스토텔레스나 유클리드가 등장하기 이전부터 (종교의 영향을 받지 않고) 순수한 이성으로 진리를 탐구하는 정신과 정확함을 추구하는 정신을 바탕으로 수학과 과학을 연구하는 학자

---

[*] 오일러Leonhard Euler(1707~1783)는 모든 짝수 완전수는 이 꼴임을 증명했다. 홀수 완전수가 존재하는지, 완전수가 유한개만 있는지(즉, 메르센느 소수가 유한개인지)는 아직도 모른다.

헤겔의 초상   쇼펜하우어의 모습

가 많았다. 그들은 진리 탐구 정신에 입각하여 학문을 연구했으므로 '논리'는 항상 매우 중요한 주제였다.

아리스토텔레스의 논리학과 철학은 18~19세기에 새로운 철학이 등장하면서 자연스럽게 그 역할을 마친다. 이 시기에 흄David Hume, 1711~1776,[**] 칸트1724~1804, 피히테1762~1814, 헤겔1770~1831, 쇼펜하우어1788~1860 등이 인간 중심의 순수한 인식과 관념을 통한 새로운 철학을 꽃피운다. 이는 19세기 말에 독일 수학자들을 중심으로 형성돼 나간 현대논리학의 철학적 배경이 된다.

[**] 흄은 스코틀랜드의 철학자이자 경제학자로서 젊을 때 유명한 저서 『인간 본성에 관한 논고A Treatise of Human Nature』를 썼다. 신학과 믿음의 권위가 막강하던 시대에 인간의 지성과 본성만을 고려한 철학을 조심스럽게 탐구하고 발표했으며, 그의 철학은 칸트 등 독일 철학자들에게 큰 영향을 미쳤다.

명제와 논증

이제부터 논리학의 기본적인 내용을 간단히 소개하고자 한다. 논리학은 '정확함'을 추구하는 학문이다 보니 이제부터 소개하는 내용이 다소 어렵고 딱딱할 수도 있다. 부담스러운 내용은 그냥 넘어가도 되니 편한 마음으로 읽어주기 바란다.

논리학은 추론과 논증의 과정과 방법론을 연구하는 학문이다. **논증**이란 어떤 것이 참인지 거짓인지를 기존의 지식에 의거하여 판정하는 과정이다. **명제**란 참과 거짓을 판정할 수 있는 '객관성을 갖는' 문장을 말한다. **추론**이란 어떠한 명제나 판단을 근거로 삼아 다른 명제나 판단을 이끌어 내는 것을 말한다. 논리학에서는 논증이라는 과정을 통해 명제 또는 추론이 참인지 거짓인지를 판정한다. 명제의 참, 거짓을 따지는 고전적인 명제논리학(혹은 문장논리학)으로부터 프레게Gottlob Frege 등이 기호의 사용과 더불어 새로운 영역을 개척했고, 이를 술어논리학predicate logic이라고 부른다.

어떤 문장을 서술하거나 그 문장 내용의 진실 여부를 판정할 때 '논리기호'를 사용하면 편리하므로 현대논리학에서는 기호를 본격적으로 사용한다. 그래서 그런 새로운 술어논리학을 기호논리학이라고 부르기도 한다. 기호논리학의 기호 사용법을 모두 소개하기에는 과다할 수 있으니 여기서는 핵심적인 기호 몇 개만

19세기 독일의 수학자 프레게. 그는 현대적 논리학의 창시자라 할 수 있다.

소개하고자 한다. 이 기호들은 순수한 수학적 문장에서도 자주 등장하는데, 이것들을 사용할 때는 영어(유럽어) 문법으로 표현하는 것이 한국어 문법으로 표현하는 것보다 더 편할 때가 많다.

기호	뜻(영어)
$\forall x$	For all x
$\exists$	there is
~P (또는 ¬P)	not P
$\vee$	or
$\wedge$ (또는 &)	and

이 기호들 외에 수학적 문장의 서술에서는 'such that'의 약자

인 's.t.'를 자주 쓴다.

수학적 문장의 예를 하나 들어보자. 다소 어려운 내용이니 독자들에게 문장이 뜻하는 바가 와 닿지 않더라도 개의치 말고 그냥 기호의 사용법만 이해하면 될 것 같다. 수학에서 함수의 극한값을 나타내는 기호 $\lim_{x \to a} f(x) = L$은 "x가 a에 접근하면, 함숫값 $f(x)$는 L에 접근한다"라는 뜻이다. 이것의 수학적인 정의를 엄밀하게 쓰면 다음과 같다.

> 정의: $\lim_{x \to a} f(x) = L$의 정의는 다음과 같다.
>
> 임의의 양수 ε에 대하여, 다음 조건을 만족하는 어떤 양수 δ가 존재한다.
>
> [조건] $0 < |x - a| < \delta$이면 $|f(x) - L| < \varepsilon$이다.

이것을 극한의 '엡실론·델타$_{\varepsilon \text{-} \delta}$ 정의'라고 부른다. 이 정의는 19세기에 위대한 수학자 코시Augustin Cauchy, 1789~1857가 처음 채택했고, 후에 독일의 바이어슈트라스Karl Weierstrass, 1815~1897가 완성함으로써 표준화되었다. 이 정의는 세계의 대학생들이 미적분학에서 배울 때 이해되지 않아 한 번씩 좌절한다는 것으로 유명하기도 하다. 이 정의가 처음 볼 때는 어려워 보이지만 실은 극한에 대한, 논리적으로 당연하고 따라서 유일한 정의다. 이 정의를 영어로 다시 써보자.

독일의 수학자 바이어슈트라스. 그는 늦은 나이에 수학자가 되었지만
'모든 독일 수학자들의 스승'이라고 불릴 만큼 영향력이 컸다.

For every $\varepsilon > 0$, there is $\delta > 0$ such that $0 < |x-a| < \delta$ implies $|f(x)-L| < \varepsilon$.

이 영어 버전의 정의도 독자들에게 어렵기는 마찬가지겠지만, 그래도 한 문장으로 쓰기조차 어려운 한국어 정의보다는 간단해 보이지 않는가? 이 문장을 다시 논리기호를 써서 나타내면 다음과 같다.

$$\forall \varepsilon > 0, \exists \delta > 0 \text{ s.t. } 0 < |x-a| < \delta \Rightarrow |f(x)-L| < \varepsilon.$$

원래 정통의 기호논리학에서는 s.t.를 생략하는 대신 괄호를 쓰고 문장 안에서는 띄어쓰기도 잘 하지 않아서 이 문장을 다음과 같이 쓰기도 하지만, 대다수의 수학자는 s.t.라는 기호를 좋아한다.

$$\forall \varepsilon > 0 \exists \delta > 0 (0 < |x-a| < \delta \to |f(x)-L| < \varepsilon)$$

논리의 시작은 '모든'과 '어떤'

수학적 논리에서는 '모든(또는 임의의)'과 '어떤'이라는 말이 자주 등장하는데, 이때 모든은 주로 "모든 x에 대하여"와 같은 형태로 등장하고, 어떤은 주로 "조건(성질) C를 만족하는 어떤 x가 존재한다"와 같은 형태로 등장한다. 후자의 표현을 나타낸 다음의 두 문장은 늘 같은 말이고, 수학에서는 아주 자주 등장한다.

"~를 만족하는 x가 존재한다."
⇔ "어떤 x에 대하여 ~가 성립한다."

학생들에게 명제에 대해 가르치다 보면 학생들은 명제의 부정negation과 명제의 대우명제contrapositive를 이상하리만치 어려워한다. 아마도 '모든'과 '어떤'이라는 용어 그리고 '또는or'과 '그리고

86

and'라는 용어의 진정한 의미와 사용법에 익숙하지 않은 탓이 아닐까 싶다.

우선 명제의 부정을 알아보자. 명제 "P이다"의 부정은 "P가 아니다"이다. 이때 '모든'이 들어가는 명제의 부정에는 '어떤'이 들어가고, 역으로 '어떤'이 들어가는 명제의 부정에는 '모든'이 들어간다. 예를 들어 "1반의 <u>모든</u> 학생이 코로나19 백신을 맞았다"라는 명제의 부정은 "1반의 <u>어떤</u> 학생은 코로나19 백신을 맞지 않았다"이다. 또한 "<u>어떤</u> 실수 x에 대하여 $x^2=1$이다"의 부정은 "<u>모든</u> 실수 x에 대하여 $x^2 \neq 1$이다."

여기서 한 가지 주의할 점이 있다. 예를 들어 "p이면 q이다($p \rightarrow q$)"꼴인 명제의 부정명제를 살펴보자.

> 명제 "$x^2=4$이면 $x \geq 0$이다"의 부정이 무엇인가 하는 질문에
> 대해 대답을 "$x^2=4$이면 $x<0$이다"라고 썼다면 그것은 틀렸다.

왜냐하면 "$x^2=4$이면"의 뜻은 "$x^2=4$인 <u>모든</u> x에 대하여"라는 것이기 때문이다. 따라서 "$x^2=4$이면 $x \geq 0$이다"의 부정은 "$x^2=4$인 <u>어떤</u> x에 대하여 $x<0$이다." 즉, "p이면 q이다"의 부정은 "<u>p라고 해서 반드시 q인 것은 아니다</u>" 또는 "<u>p이지만 q가 아닌 경우도 있다</u>"이다.

이제 대우명제를 알아보자. ($p \rightarrow q$)꼴 명제의 대우명제는 ($\sim q$

→ ~p)꼴의 명제다. 어느 명제 P가 참인 것은 그 명제의 대우명제
가 참인 것과 동치다. 이것은 논리학에서 기본 규칙이다(집합의
포함관계를 살펴보면 자명하게 성립한다). 예를 들어 명제 "$x>1$이면
$x^2-x>0$이다"는 참이다. 이 명제의 대우명제는 "$x^2-x\leq0$이면 $x\leq$
1이다"이고, 이것도 역시 참이다. 이 명제 "$x>1$이면 $x^2-x>0$이다"
의 부정은 "$x>1$인 어떤 x에 대하여 $x^2-x\leq0$이다"이고, 물론 이
명제는 거짓이다.

모든 명제는 참이거나 거짓이다. 논리학에서는 이렇게 참
도 아니고 거짓도 아닌 명제는 없다는 규정을 **배중률**排中律, Law of
excluded middle이라고 한다. 이것은 현대의 논리학에서 올바른 규정
으로 받아들여지고 있다. 어떤 명제 P가 참이라면 항상 그것의
부정은 거짓이고, P가 거짓이라면 그것의 부정은 참이다. 예를
들어 명제 "$x>0$이면 $x^2-x>0$이다"는 참이 아니다(왜냐하면 $x=\frac{1}{2}$
에 대해서는 $x^2-x>0$가 아니다). 하지만 이 명제의 부정인 "$x>0$인
어떤 x에 대해서는 $x^2-x\leq0$이다"는 참이다.

20세기 초에는 이 배중률이 반드시 논리에서 지켜야 할 법칙
인지를 놓고 논란이 많았다. 브라우어르Luitzen Egbertus Jan Brouwer 등
직관주의자들은 이 법칙을 무척 못마땅하게 여기고 부정하기도
했다. 하지만 현재는 모든 수학자가 논리의 올바른 법칙으로 받아
들이고 있다. 이 부분은 뒤에서 다시 자세히 다룰 것이다.

귀류법이란 어떤 명제가 참임을 증명할 때 그 결론이 참이 아

니라면 가정한 사실 또는 이미 알려진 사실에 모순이 된다는 것을 보이는 증명법이다. 결국 그 명제의 부정이 거짓임을 보여서 본 명제가 참임을 증명하는 것으로 배중률에 바탕을 둔다고 하겠다. 또 다른 측면에서 보면 귀류법은 $(p \rightarrow q)$꼴의 명제를 증명할 때 "q가 아니면 p일 수가 없다"를 증명하는 것이므로 본 명제의 대우명제를 증명하는 방법이다.

귀류법을 사용해서 명제를 증명할 때는 먼저 "이 명제가 사실이 아니라면"이라고 가정하고 시작한다. 그렇게 논리를 진행해 보다가 이미 (참임을) 알고 있는 사실에 위배된다는 것이 발견되면 원래 명제가 참이 되는 것이다. "거짓이 아니므로 (또는 거짓이라면 모순이므로) 참이다"라는 것이므로 기본적으로 배중률을 따른다. 귀류법 증명의 가장 유명한 예는 수학 교과서에 나오는 "$\sqrt{2}$는 무리수다"의 증명법이다. 즉, $\sqrt{2}$가 유리수라고 가정한 후에 그것이 모순임을 보이는 것이다.

명제의 부정에서 'or'와 'and' 사이의 관계는 '모든'과 '어떤' 사이의 관계와 유사하다. 즉, 'or'가 들어가는 명제의 부정에는 'and'가 들어가고, 역으로 'and'가 들어가는 명제의 부정에는 'or'가 들어간다. 이런 법칙을 집합론에서는 드모르간의 정리De Morgan theorem라고 부른다. 이 정리를 집합 기호로 나타내면 다음과 같다.

$$(A \cup B)^C = A^C \cap B^C, \ (A \cap B)^C = A^C \cup B^C$$

이때 A^C란 A의 여집합이다. $(A \cup B)^C = A^C \cap B^C$는 "$x$는 A 또는 B의 원소가 아니다"와 "x는 A의 원소가 아니고 B의 원소도 아니다"는 같은 말이라는 뜻이다. 이 정리는 두 집합의 합집합, 교집합에 대해서만이 아니라 여러 집합의 합집합, 교집합에 대해서도 성립하고 심지어는 '무한히' 많은 집합의 합집합, 교집합에 대해서도 성립한다.

복합명제의 부정에 대해 단순한 예를 하나 들어보자. "길수는 오늘 학교에 가거나 미술관에 간다"라는 명제의 부정은 "길수는 학교에 가지 않고 미술관에도 가지 않는다"이다. 또한 "길수는 오늘 학교에 가고 미술관에도 간다"의 부정은 "길수는 학교에 가지 않거나 미술관에 가지 않는다"이다.

이렇게 두 가지 요소가 포함된 문장을 조금 더 확장해 세 가지 요소가 포함된 문장의 예를 들어본다면 "길수는 동아리 A, B, C 중 적어도 한 동아리의 회원이다"라는 명제는 "길수는 동아리 A 또는 B 또는 C의 회원이다"라는 말과 같으므로 이 명제의 부정은 "길수는 동아리 A의 회원이 아니고 B의 회원도 아니며 C의 회원도 아니다"이다.

수학적 명제의 예를 하나만 더 들어보자.

명제	부정
정수 n은 100 이상이거나 소수가 아니다.	정수 n은 100 미만인 소수이다.
정수 n은 100 이상이고 소수가 아니다.	정수 n은 100 미만이거나 소수이다.

　이런 수학적 명제는 추상적이어서 이보다 실제적인 예인 앞의 길수 이야기보다 그 명제의 부정명제를 바로 떠올리기가 다소 어려워 보일 수도 있겠지만, 수학적 명제의 부정을 다루는 연습을 좀 해서 익숙해진 사람들에게는 명제의 부정을 형식에 맞추어 취급할 수 있으므로 더 쉬울 수도 있겠다. 드모르간의 정리를 떠올리는 것이 복합명제의 부정을 서술하는 데 도움이 될 수 있다.

05

학교에서 배우는 논리와 수학

초등학교부터 고등학교까지 논리교육은 주로 수학과 국어를 통해 이루어지지만 실제로는 과학이나 사회, 외국어 등 다양한 과목을 통해서도 논리교육이 이루어질 수 있다. 초등학교 때는 아무래도 주로 국어교육을 통해 기초적인 논리교육이 이루어질 테지만, 고학년으로 갈수록 수학이 논리교육에서 차지하는 비중이 더 커질 것이다.

학생들은 초등학교 때부터 사칙연산, 분수와 소수, 도형 등 추상적인 개념을 익히고 활용하는 연습을 한다. 수학에 등장하는 여러 가지 개념은 오랜 세월 동안 수많은 수학자가 개발해낸 것들이기에 그것들을 자연스럽게 익히기는 쉽지 않다. 수학적 개념은 매우 인공적이어서 누구나 꽤나 큰 노력을 기울여야 이해하고 활용할 수 있다. 학생들은 수학적 개념을 이해하고 논리적으로 활용하는 연습을 통해 논리적 사고력과 서술력을 기르게 된다. 수학에서는 늘 완벽한 답을 추구하기 때문에 논리는 필수적이다. 그래서 논리교육과 수학교육은 오랫동안 함께해왔다.

학교에서 집합을 안 배워요

집합이라는 개념은 명제의 표현을 분명하게 하고 논증을 용이하게 하는 역할을 한다. 단순한 개념이지만 매우 유용하다. 그래서 집합은 논리를 공부할 때 가장 먼저 익혀야 하는 기초적인 개념이다. 집합이라는 개념을 활용하면 논리적인 사고와 서술을 용이하게 할 수 있다. 그래서 그 중요성을 인정하여 전 세계 대부분 나라의 초등학교 또는 중학교 교육과정에서 집합에 대해 배운다.

우리나라 교육과정에서도 수십 년 동안 중학교 1학년 수학 교과서의 첫 번째 단원이 바로 '집합'이었다. 중학생들은 집합의 개념, 집합의 원소와 부분집합의 의미, 합집합과 교집합 등에 대해서 그리 어렵지 않게 배웠다. 하지만 안타깝게도 2009 개정 교육과정부터 집합이라는 개념이 중학교 과정에서 사라졌다. 슬그머니 없어져서 없어진 것을 아는 사람도 많지 않고 그 사실을 공론화하는 사람도 별로 없다.* 실은 예전에는 고등학교 교육과정의 제일 첫 단원도 집합이었는데, 그것도 슬그머니 뒤쪽으로 밀렸다.

내가 얼마 전 한 신문의 칼럼에 우리나라 학생들에게 논리교육을 강화해야 한다는 말과 함께 중학교 수학교육과정에서 집합과 함수의 개념이 없어진 것이 안타깝다는 이야기를 썼더니, 내가 늘 존경하는 역사학 교수 한 분이 "집합과 함수가 논리에서 그렇게 중요한 것인 줄 몰랐다"라는 내용의 글을 보내왔다. 수학자인 나에게는 당연한 사실이지만 대다수 사람들은 그러한 수학적 개념이 논리와 어떻게 그렇게 깊은 연관이 있는지 쉽게 이해되지 않을 것도 같다. 기억을 더듬어보면 나 자신도 대학생 때 수학을 전공으로 삼아 공부하기 시작하고 나서야 집합론이 수학에서 가장 기초적이고 중요한 분야라는 것을 알게 되었다.

사람들은 보통 '함수'라고 하면 수식과 그래프를 떠올리지만 원래 함수는 두 집합(정의역과 공역)의 원소들을 대응시키는 법칙으로 집합론에서는 필수 개념이다. 수학에서는 집합 자체의 개념보다 함수의 개념이 더 유용하게 쓰일 수도 있다.

그런데 중학교 수학교육과정에서 집합의 개념이 사라지다 보

---

* 『경향신문』(2014년 1월 19일 자) 칼럼에 박영훈 씨가 「'집합'이 사라진 수학」이라는 제목으로 중학교 교육과정에서 집합이 없어진 것을 비판하는 글을 썼다.

니 함수의 개념도 크게 축소되었다. 중학교 과정에서는 $y=2x+1$ 과 같은 일차식과 $y=x^2$과 같은 이차식에 대하여 "x의 값이 변함에 따라 y의 값이 오직 하나 대응될 때 y를 x의 함수라 한다"라는 말만 나온다. 함수와 관련된 내용은 일차식의 그래프(직선), 이차식의 그래프(포물선)처럼 그냥 식을 보고 그래프를 그리는 것 정도로 축소되었다. 그래서 학생들은 대개 함수의 개념을 잘 모르는 채로 고등학교에 진학한다. 물론 상당수의 학생은 학원에서 함수의 진짜 개념을 배운다. 수학 교과 내용이 줄어들수록 학생들의 사교육 의존도는 오히려 높아진다.

이 학생들이 고등학교에 가면 1학년 때 함수의 정의역, 치역, 일대일 함수 등의 개념을 접하고 지수함수, 삼각함수같이 어려운 함수와 지수함수의 '역함수'인 로그함수를 배우게 된다. 급작스레 어려워진 수학 때문에 많은 학생이 절망에 빠지기 쉬운 상황이다. 집합을 비롯한 교과 내용의 삭제 및 축소가 오히려 학생들에게 학습 부담을 주는 요소로 작용하는 것이다.

이러한 사정을 아는지 모르는지 학생들의 학습량 경감과 사교육 축소를 위하여 수학에서 교과 내용을 줄여야 한다는 교육부와 일부 사회단체의 의지는 강하다.[**] 그래서 교육과정을 개정할

[**] 예전에는 초·중등 교육과정 전부를 교육부와 교육과정평가원이 맡았지만 지금은 수학, 과학의 교육과정은 과기정통부 산하의 한국과학창의재단이 맡고 있다. 하지만 아직도 교육과정의 전체적인 틀과 개정 방향을 교육부가 정하므로 그 영향력이 크다.

때마다 교과 내용이 줄어들어 왔다. 교육과정 개정 작업에 참여하는 교수와 교사 등 전문가들은 고등학교를 졸업할 때까지 배우는 내용은 국제적으로도 어느 정도 표준화되어 있으니 더 줄여서는 안 된다고 항변하지만, 그들은 어려운 수학 때문에 고생하는 학생들에게는 관심이 없고 자기들의 밥그릇만 챙기는 이기주의자로 몰리기에 십상이다.

흔히 수학은 어려운 과목이지만 학생들에게 논리적 사고력과 문제 해결력을 기르기 위해 꼭 필요한 과목이라고 말한다. 그런데 실제 교육 현장에서는 논리적 사고력을 키우는 교육은 제대로 이루어지지 않고 그저 계산, 수식 조작, 그래프 등을 통해 답을 구하는 교육 위주로 이루어지고 있다.

수학교육에서는 '답' 그 자체보다는 '답을 구하는 과정'을 평가해야 하는데 현재 우리나라의 교육 현장에서는 그게 쉽지 않다. 수학 문제로 답이 맞는지 틀리는지만을 평가하게 된 데는 여러 가지 이유가 있겠지만 우선 두 가지만 꼽자면 첫째, 교사와 학생이 모두 논리적 서술형 문제를 낯설고 어려워하기 때문이고, 둘째, 교사가 서술형 문제를 채점할 시간이 절대 부족하기 때문이다. 후자는 수학 선생님들이 채점하는 시간을 교육 책임 시수에 일부 포함해주지 않는다면 해결 방안이 없다.

수학교육에서 개념을 이해하고, 논리적으로 사고하고, 수학적으로 답을 구하는 종합적인 과정을 평가하기를 포기하고 그저 답이 맞는지 틀리는지만 평가한다면, 집합과 함수와 같은 개념이나 사고력이 필요한 단원은 가능한 한 줄이고 수식 계산과 그래프 위주로 교과서를 구성하게 되기가 쉬운 상황이다. 수학교육학자뿐만 아니라 수학 교사, 교육 당국자, 학부모 들이 대부분 수학교육에서 '논리적 사고력'이 매우 중요함을 인정하는데도 정작 교육과정에서는 그 부분이 축소되는 모순적인 상황이 벌어지고 있다.

실은 집합과 함수는 실용성 면에서 수식 계산이나 그래프를 앞설지 모른다. 수학자인 내가 하는 말보다 더 설득력 있게 들릴지 몰라 어느 한 일반인이 블로그에 올린 글*을 소개한다.

설명과 공책 정리 방법은 집합을 배우기 전과 배운 후로 나뉘어요.

무언가 여러 개의 공통점과 차이점을 설명하고 비교할 때 집합, 특히 벤다이어그램은 매우 강력한 도구예요.

직관적이면서도 깔끔하게 정리할 수 있게 해주거든요.

(벤다이어그램을 사용하여 설명하면) 듣는 쪽은 그림만 보면 직관적으로 바로 알 수 있으니 가히 혁명급이라고 할 수 있지요. 단순히 사회, 역사뿐만 아니라 문법 정리할 때도

---

* https://zomzom.tistory.com/m/1100

요긴하게 써먹을 수 있는 부분이에요.

매우 추상적인 '수학적 사고'와 달리 '집합'은 실제 그 활용이 무궁무진하고 일상생활에서도 충분히 잘 써먹을 수 있는 부분이에요.

도대체 왜 집합을 안 배우는지 이해가 전혀 되지 않아요. 중학교에서 배웠던 집합은 전혀 어렵지 않은 단원이었을뿐더러 수학과 관련 없는 다른 과목에서 그거만큼 유용하게 잘 써먹는 단원도 없거든요. 수학적 사고가 중요하다고, 수학교육이 중요하다고 하시는 분들께서 수학과 관련 없는 과목에서도 잘 써먹는 집합은 왜 중학교 단원에서 제외한 거지요? 이게 무슨 그래프 360도 회전해서 부피 구하던 정적분만큼 계산 복잡한 단원도 아니고, 우리나라 수학교육에 불만이 있는 사람 대다수가 일상생활에 써먹지도 않는 것을 가르친다고 불평하는데 이건 유용하게 잘 써먹는 거잖아요?

수학은 원래 어렵다

중학교 교과서에서 집합과 함수가 없어진 것은 학생들의 학습 부담을 줄여준다는 취지에서 이루어진 것이다. 그러면 여기서 이와 연관된 수학 부진아 문제와 사교육 문제에 대해 좀 더 이야기해보자.

수학과 수학교육의 중요성은 날로 커지는데, 학습 부진아 문제는 갈수록 심각해지고 있다. 나는 수학교육 전문가로서 이 문제를 오랫동안 고민해왔다. 수학교육과 관련한 학술 대회도 여러 차례 주관했고, 수시로 현직 교사들과 소통하며 교육 현장의 이야기를 들어왔다. 그 과정에서 내 의견을 어느 정도 정립했는데, 요즘에는 나와 의견이 같은 수학교육 전문가가 아주 많다. 내 생각을 다 풀어서 설명하고 대중을 설득하려면 많은 내용과 근거가 필요하니 자세한 이야기는 다음에 쓸 책에서 하기로 하고, 이 책에서는 간단히 한 가지만 이야기해보겠다.

너무나 많은 사람이 수학교육에 관심을 두고 있지만 그들의 상당수가 수학을 부정적인 시각으로 바라본다. 수학 교과 내용을 축소하고 쉽게 답을 구할 수 있는 문제 위주로 수학 시험을 내면 수학 부진아가 줄어들고 사교육 문제도 완화되리라고 믿는 사람이 많다. 그래서 앞서 말했듯이 지난 수십 년간 수학 교육과정은 그 방향으로 개정돼왔다. 그런데 과연 그들의 믿음은 옳은 것일까? 이 믿음은 그동안 일반인은 물론이고 일부 전문가라고 하는 사람들 사이에서도 당연히 맞는 사실, 즉 '공리'로 여겨져 왔는데 과연 우리는 그것을 공리로 채택해도 되는 것일까?

수학을 잘하지 못해서 경쟁에서 뒤처지고 수학 공부를 포기할까 말까를 고민하는 학생들에게 왜 그러는지 물어보면 학생들은 대개 "수학이 너무 어려워요"라거나 이와 유사한 대답을 한다. 그래서 어른들은 '수학 교과를 좀 더 쉽게 구성하면 수학 부진아가 줄어들 것이다'라고 생각하기 쉽다. 이런 생각을 바탕으로 배우는 내용을 줄이고 시험에도 쉬운 문제만 출제하자고 주장한다.

하지만 그런 주장을 하는 사람들은 한 가지 중요한 현실을 망각하고 있다. 그것은 바로 수학교육이 항상 '치열한 입시 경쟁' 속에서 이루어지고 있다는 점이다. 치열한 경쟁이 존재하는 상황에서는 시험을 쉽게 출제한다고 해도 경쟁에서 뒤처지는 학생이 생기게 마련이다. 그리고 시험 문제의 난도가 쉬울수록 한 문제라도 틀리면 손해가 크기에 틀리지 않도록 반복 교육을 하는 사교육을 받는 학생들이 더 유리해질 것이다. 또한 수학은 더욱 재미없는 과목이 될 수도 있고, 수학교육의 목적 자체도 훼손될 수 있다. 실은 '교과 내용 축소와 쉬운 문제 출제'가 부진아 문제와 사교육 문제를 해결하지 못한다는 것은 대부분 전문가가 이미 지난 수십 년간의 사례들을 통해 알고 있는 사실이다. 과학의 핵심 과목인 '물리'도 과거에 수능(이나 학력고사)에서 물리를 신청하는 학생이 너무 적다고 물리 시험 문제를 특별히 쉬운 문제들 위주로 출제했지만 물리 기피 현상은 줄어들지 않았다. 물리도 수학과 마찬가지로 본질적으로 어려운 과목이다.

나는 학생들에게 가끔 "수학은 (   )다"의 괄호 안에 들어갈 가장 적절한 형용사는 무엇일까 하는 질문을 한다. 물론 정답은 없다. 사람마다 수학이라고 하는 학문에 느끼는 바가 다양할 것이다. 독자들의 생각은 어떤가? 나는 위의 괄호에 들어갈 형용사로 '어렵다'를 꼽고 싶다. 수학은 누구에게나, 심지어는 나와 같은 전문적인 수학자에게도 어렵다. 수학은 본질적으로 어려운 과목이다.

수학이 어려운 이유를 두 가지만 들어보자. 첫째, 수학은 수천 년간 지식을 쌓으며 발전해왔기 때문이다. 현재 중·고등학생이 배우는 내용은 몇백 년 전에는 천재 수학자들조차 몰랐던 것들이다. 지금 학교에서 배우고 있는 수학의 개념과 기호 들은 수많은 수학자가 오랜 세월에 걸쳐 어렵게 얻어낸 것들이다. 학생들이 그냥 자연스럽게 습득할 수 있는 것이 아니다.

둘째, 세상이 복잡하기 때문이다. 수학은 생활 주변에서 일어나는 일뿐 아니라 모든 자연현상을 대상으로 무엇인가를 계산하고 그 원리를 설명하고자 생겨난 것인데, 세상이 복잡하니 수학도 어려운 것이다. 이 말은 '쉬운 수학'은 본격적인 수학이 아니라는 말이다. 만일 어떤 학생이 "수학은 쉽다"라고 느낀다면 그 학생은 수학을 제대로 공부하지 않은 것이다. 그런 학생들이 좋은 대학에 들어가기를 원한다면 언젠가 수학의 어려움에 뒤통수를 맞을지도 모른다.

많은 이가 '사람들은 일반적으로 쉬운 것은 좋아하지만 어려운 것은 싫어한다'라는 것을 마치 공리처럼 믿는다. 그래서 어떤 사람들은 어려운 수학을 가르치면 수학을 싫어하는 학생이 늘어날 것이라고 믿는다. 소수의 학생이 수학을 좋아하는 것은 그들이 우수하기 때문이고 평균적인 학생들, 특히 수학에 재능이 없는 학생들은 당연히 어려운 수학 문제를 내면 수학을 싫어하게 된다고 믿는다. 과연 그럴까? 내 생각은 다르다. 학생들이 수학을 싫어하는 것은 수학 실력을 시험하는 경쟁에서 뒤처졌기 때문이지 수학이 어려워서 그런 것은 아니라고 생각한다. 즉, 핵심은 '치열한 경쟁'이지 수학의 쉽고 어려움이 아니다.

나는 심지어는 반대로 '평균적인 사람들도 어려운 것을 더 좋아할 수도 있다'라고 믿는다. "아니, 평균적인 학생들이 쉬운 수학보다 어려운 수학을 더 좋아할 수도 있다고요? 그래도 그건 아니죠"라고 하는 이를 많이 만나보았다. 우선 내 말을 한번 들어보기를 바란다.

내가 처음 이런 생각을 하게 된 것은 20여 년 전에 고등학교 동기·동창들과 자주 만나면서부터다. 우리가 고등학교 3학년일 때는 학교에서 매달 실력고사라는 시험을 보았는데, 그때 수학의 전교 평균이 10점 내외밖에 되지 않았고, 수학 평균이 40점이 넘으면 서울대 합격권이었다. 그런데 신기한 것은 졸업 후 오랜만에 만난 우리 동기의 상당수가 자기는 수학을 좋아하고 소질도 좀 있는 학생이었다고 기억한다는 것이다. 그들 중에는 대학에

못 간 사람도 있었다. 좀 이상하지 않은가? 한편 요즘에는 수학 시험을 치면 한 반에 80점이 넘는 학생이 반이 넘는데 왜 수학이 싫다는 학생이 그렇게 많을까? 대부분 높은 점수를 받다 보니 오히려 한 문제라도 틀렸을 때 느끼는 아픔이 너무 크기 때문이 아닐까?

어려워서 더 좋아하게 되는 것은 수학만이 아니다. 지구상에서 가장 성공한 스포츠인 축구의 예를 떠올려보자. 축구는 익숙하지 않은 사람에게는 어려운 스포츠다. 축구를 잘 알지 못하면 선수들의 플레이도 이해가 잘 안되고, 한 골을 넣기도 너무 어려워서 경기가 지루하게 느껴질 수도 있다. 하지만 사람들이 이 스포츠에 그토록 열광하는 이유는 역설적으로 축구가 지루하고 어려운 스포츠이기 때문이다. 골을 넣기가 어려운 만큼 자신이 응원하는 축구팀이 어쩌다 골을 넣었을 때 느껴지는 짜릿한 희열을 잊지 못하는 것이다. 사람들이 골프에 빠지는 것도 골프가 어려운 스포츠이기 때문이라고 한다. 바둑, 브릿지 등 어려운 게임이나 일부 배우기 까다로운 컴퓨터게임도 이와 유사한 예라 하겠다.

수학을 좋아하는 학생들은 대부분 어려운 문제를 스스로 해결했을 때 느끼는 희열과 성취감을 잊지 못하여 수학을 좋아하게 된 것이다. 그래서 전에 이런 표어를 만들어보았다.

"틀리는 아픔보다 맞는 기쁨이 더 크게 하자!"

새로운 개념 받아들이기

오랫동안 대학교 1~2학년 학생들을 대상으로 수리 논리 및 논술, 집합론 등을 가르치면서 왜 학생들은 논리적 사고와 서술을 그렇게 어려워할까, 어떻게 하면 더 잘하도록 가르칠 수 있을까를 관찰하고 연구해왔다. 나는 학기마다 쪽지 시험을 네다섯 번 정도 내고 기말고사를 내는데 학생들의 답안을 채점하면서 그들의 사고하는 법, 사고 수준 등을 살펴본다. 하지만 문제를 아무리 쉽게 내도, 심지어는 초등학생도 다 풀 것 같은 문제를 내도 엉뚱한 답을 쓰거나 백지를 내는 학생이 있다.

학생들의 이해와 관심을 높이고자 수업 시간에 학생들과 (매우 친근한 말투로) 대화를 자주 시도해보지만 그들의 태도는 소극적인 편이다. 전체 학생에게 질문을 하면 잘하는 학생들이 먼저 대답해버려 큰 효과가 없고, 개개인을 지목해가며 질문하면 학생들이 무표정과 무반응으로 대응할 때가 많다.

대입 시 성적이 상위 10퍼센트 안에 들어가는 학생들인데도 왜 논리에 그렇게 약한지 처음에는 이해가 잘 가지 않았다. 하지만 오랜 관찰 끝에 다음과 같은 결론을 얻었다.

첫째, 뒤처지는 학생들이 머리가 좋지 않아 논리적 사고와 서술을 하지 못하는 것이 아니라 그런 것을 요구하는 상황을 접하게 되면 그냥 머리의 회전이 멈춘다는 것을 알았다. 그래서 수준을 아무리 낮추어 설명하더라도 학생들은 그냥 머리가 하얘져 아무것도 받아들이지 못한다. 그것은 아마도 어려서부터 그런 논리적 사고를 접해본 적이 없거나 아니면 과거의 특정 경험 때문에 논리적 사고를 해야 할 때 자신도 모르게 습관적으로 머리가 하얘지는 것이 아닌가 생각한다.

둘째, 어떤 개념을 정의하고, 그것에 이름(또는 기호)을 붙이고, 그것을 머릿속에 저장했다가 필요할 때 꺼내 쓰는 행위 자체를 잘하지 못한다는 것을 알게 되었다. 개념을 확실히 정립한 후에야 논리적 사고와 서술이 제대로 이루어질 수 있는 것인데 이 출발점에서 문제가 발생하는 것이다.

아주 쉬운 예를 들어보자. 학생들은 중학교 때부터 실수의 부분집합으로 $(0, 1)$이란 기호를 사용하고, 그 기호가 무슨 의미인지 다 안다고 생각한다. 하지만 대학교 1학년 학생들에게 "x가 집합 $(0, 1)$의 원소라면 x는 무엇입니까?"라고 질문하면 이상하게도 학생들이 잘 대답하지 못한다. '교수가 뭔가 이상한 걸 물어본다'라고 생각해서 대답하지 못하는 학생들도 있겠지만, 상당수는 그냥 머릿속에 있는 $(0, 1)$의 정의와 개념을 꺼내서 말로 표현해본 적이 없기에 대답하지 못하는 것 같다.

이 질문은 그냥 "$(0, 1)$이 무엇입니까?"와도 같은 질문이다. 이 질문을 받은 학생들은 대개 머릿속에 다음 그림과 같은 구간을 떠올리지만, 그것을 말로는 잘 옮기지 못한다.

물론 이 질문의 대답은 "0보다 크고 1보다 작은 실수들의 집합입니다"이다. 물론 알고 보면 너무나 쉬운 답이다.

한 가지만 예를 더 들어보자. 집합에서 부분집합의 정의는 다음과 같이 배운다.

집합 A가 집합 B의 부분집합이라는 것의 정의는 A의 임의의 원소 a에 대하여 a가 B의 원소인 것이다. 이때 기호 $A \subset B$를 쓴다.

자, 이제 이 정의를 이용하는 문제를 살펴보자. "(어떤 집합 P와 어떤 집합 Q가 정의되어 있을 때,) $P \subset Q$임을 보이시오"와 같은 문제가 있다고 하자. 그러면 우리는 P와 Q의 정의가 무엇이든 상관없이 그냥 '부분집합'의 정의에 따라 P의 임의의 원소를 x라 하고, 이 x가 Q의 원소임을 보이면 된다. 그런데 의외로 많은 학생이 이런 증명 문제를 받으면 무엇부터 어떻게 시작해야 할지를 몰라서 당황한다.*

---

* 다소 어렵지만 좀 더 구체적인 예를 들자면, "함수 $f : A \rightarrow B$와 $A_0 \subset A$에 대하여 $A_0 \subset f^{-1}(f(A_0))$임을 보이시오"와 같은 문제가 있다.

그래서 다음과 같은 결론을 얻었다.

논리교육에서 어떤 개념을 정의하고, 그것에 이름을 붙이고,
그것을 활용할 줄 알도록 가르치는 것이 거창한 논리적
사고력 자체보다도 더 중요하다. 그런 뜻에서 학생들이 어떤
새로운 개념을 자기 것으로 받아들이고 활용하는 능력을
기르는 것이 논리교육을 통해 얻을 수 있는 가장 값진
소득이다.

어떤 개념의 정의를 있는 그대로 받아들이고, 그 개념을 활용
하는 것이 논리의 기본이자 출발점이라는 것은 우리가 일상적으
로 대화할 때나 토론할 때 정확하거나 합리적인 정보에 근거하
여 말을 해야 한다는 것과 같은 맥락이다. 엄밀한 논리에서나 일
상적 대화에서나 이 출발점이 가장 중요하다.

토론을 잘하려면

우리나라에는 창의적이고 진취적인 사람이 많고, 그들은 대체
로 가시적인 목표를 달성하는 데 탁월한 능력이 있다. 그러나 반
면에 기초적인 논리력이나 판단력 등이 약한 사람도 이상하게

많다.

따라서 우리나라에서는 논리적으로 사고하고 말하는 능력을 키우는 교육이 특히 중요한데, 다행히도 초등학교 교육에서 논리 교육의 출발점인 책 읽기, 글쓰기, 말하기에 대한 교육이 점점 확대되고 있다. 하지만 학급 당 학생 수가 너무 많아 교육과정상의 그러한 교육을 교실에서 제대로 실행하기가 어렵다는 목소리도 크다. 이 말은 당연히 맞는 말이지만 어쩌면 그보다 좀 더 우선적이고 현실적인 문제는 교사가 학생이 쓴 글을 읽어보고, 평가하고, 지도할 시간이 부족하다는 것이 아닐까 싶다.

논리력을 언어적 논리력과 수학적 논리력으로 구별할 수 있고, 이 중 언어적 논리력이 좀 더 많은 사람에게 실생활에서 유용하게 쓰인다고 보는 의견에는 나도 대체로 동의하는 편이다. 하지만 어느 정도를 넘어서는 수준에 이르면 이 두 가지 논리력은 서로 통하게 된다. 또한 사람들이 하는 일에 따라서는 수학적 논리력이 언어적 논리력보다 더 중요할 수도 있다.

읽기, 쓰기, 말하기, 토론하기 등을 통해 언어적 논리력을 키우는 교육이든 중학교 이후에 수학을 통해 수학적 논리력을 기르는 교육이든 논리교육이 잘 이루어지려면 우선 교사가 학생의 글을 읽고 평가할 시간이 주어져야 한다. 그리고 이를 실현하려면 교사가 평가(채점)하는 시간 중 일부를 그들의 책임 시수(교실에서 가르치는 시간 수)에 포함해주어야 한다.

이제 토론에 대해 이야기해보자. 요즘 학생들은 대체로 공적인 자리에서 자기 생각을 표현하는 것에 소극적이다(물론 모든 학생이 그렇지는 않다). 쓸데없이 나대는 것과 뭔가 잘못 말해서 쪽팔리는 것을 매우 꺼린다. 그런 소극적인 행동양식이 여러 해에 걸쳐 누적되다 보니 고등학생이나 대학생이 되어서도 어떤 사안에 대해 자기 나름의 의견을 정립하는 것, 그것을 남들에게 표현하는 것 등이 서툴다.

예전에 어느 교육청에서 주관하는 중학교 과학 토론대회에 심사위원장으로 참석한 적이 있다. 그때 토론의 주제 두 개 중 하나가 '지구온난화 문제'였다. 결승에 오른 두 학교의 학생 대표들이 이 주제에 대해 각자 자기 생각을 먼저 파워포인트 자료로 발표하고 난 후에 서로 토론하는 형식으로 진행되었는데, 그 학생들이 토론하는 모습을 보고 매우 놀랐다. 토론이라기보다는 말싸움에 가까웠고, 양측이 모두 상대방의 말꼬리를 물고 늘어지는 데만 집중했다.

게다가 무엇보다도 나를 놀라게 한 것은 양측이 모두 "매년 지구의 평균기온이 0.5도씩 상승하고 있다"라는 것을 기정사실화하여 토론하는 것이었다. 지구온난화가 심각한 문제이긴 하지만 그 정도로 빨리 온도가 상승하지는 않는다. 이 문제에 관해 유엔이 국제사회에 제시한 핵심 키워드는 '21세기 말까지 섭씨 1.5도 이하 상승 유지'이다. 두 학교의 학생들이 지구온난화 문제의 심각성을 부각하고자 더 강하게 말하려다 보니 그런 상황이 벌어진 것은 이해되지만, 그래도 이 정보가 이 주제에서 가장 기초가 되는 중요한 정보라는 점에서 안타깝기 짝이 없었다.

예전에 우리나라 최고의 이공계 영재들을 대상으로 하는 대통령과학장학생 선정 심사에서도 이와 비슷한 경험을 했다. 이 심사에서는 각 학생을 심층 면접한 후 여섯 명 정도씩 모둠을 만들어 현장에서 제시된 주제에 대하여 서로 토론하게 한다. 그때 대다수 학생은 자기 생각을 정리하여 남들에게 제시하는 데는 집중하지 못하고 단순히 상대의 발언에 대해 반박하거나 말꼬리를 물고 늘어지는 데만 집중하는 모습을 보였다. 그러다 보니 토론의 주제에서 벗어나 대화가 엉뚱한 방향으로 흘러가기도 했다. 한편 주어진 토론 시간 동안에* 말을 한마디도 하지 않는 학생들도 있었다. 최고의 과학 영재 중에도 토론에 미숙한 학생이 태반인 것이다.

그렇다면 토론을 잘하려면 어떻게 해야 할까? 우리가 평소에 가장 흔히 보게 되는 토론은 정치적 목적을 위해 양 진영으로 나뉘어 극단적인 대립 양상을 보이는 토론이다. 하지만 그런 토론은 표준적이지도 않고 교육적이지도 않다. 토론은 반드시 투쟁적이지 않아도 된다. 승리와 패배가 존재하지 않는 토론도 얼마든

* 30분 정도였던 것으로 기억한다. 요즘에는 토론은 없어졌고 개인별 심층 면접만 진행한다.

지 있을 수 있다. 우리는 학교나 직장에서 이런저런 일로 토론할 수도 있고, 친구들끼리 우리 사회의 여러 가지 쟁점 또는 생활 주변에서 접하는 주제에 대해서 토론할 수도 있다. 나는 이런 토론에서 자기 의견을 합리적으로 수립하고 설득력 있는 태도로 주장하는 능력도 논리적 사고력과 유사하게 연습, 문화, 교육을 통해 신장할 수 있다고 믿는다.

토론을 잘하기 위한 태도로 다음 다섯 가지를 지키면 좋을 것 같다.

첫째, 근거를 바탕으로 주장하기

둘째, 과장하지 않기

셋째, 인정할 것은 인정하기

넷째, 논지에서 벗어나지 않기(말꼬리 물지 않기)

다섯째, 냉정함을 유지하기(말싸움에 말려들지 않기)

나는 이 다섯 가지 중에서도 가장 중요한 것이 세 번째라고 생각한다. 제시된 사실이 진짜 맞거나 상대방이 하는 말이 틀리지 않는다면 그것을 인정할 줄 아는 마음가짐을 갖는 것이 필요하다. 내가 이것을 가장 중요한 태도로 꼽은 이유는 그렇게 하는 것이 이 다섯 가지 중에서 가장 어렵기 때문이다.

우리가 모두 좋은 토론 태도를 몸에 익히고 우리 사회에 성숙한 토론 문화가 정착된다면 좀 더 나은 사회를 구현할 수 있을 것이다. 물론 이것은 이 세상 그 어느 사회도 아직 이루지 못한 이상에 불과하겠지만 좋은 토론 태도의 중요성을 인지하고, 토론을 잘하는 사람을 존중하는 분위기가 조성되면 좋겠다는 바람을 가져본다.

06

논리학과 수학

수학은 이 세상의 어떤 다른 학문에도 없는 두 가지 중요한 특징이 있다. 첫 번째는 수학에서는 완벽한 해를 추구한다는 것이고, 두 번째는 수학은 수천 년간 그 지식을 쌓으며 계속해서 발전해왔다는 것이다.

'완벽한 해를 구하는 학문'이라는 것은 수학이라는 학문의 정의에 가깝다고 할 수 있다. 사실은 그리스 시대에도, 그 이후로 약 200년 전까지만 해도 수학은 통합 과학이었다. 지금으로 치면 물리학, 천문학, 기상학, 음악, 화학, 지구과학 등을 포함할 뿐 아니라 철학, 논리학과도 영역을 공유하고 있었다. 그러다가 학문 분야의 분화와 새로운 학문의 탄생이 본격적으로 일어나던 19세기를 거치면서 수학은 '완벽한 해를 구하는 추상적 학문'으로 의미와 역할이 축소되었다. 확실한 정체성을 갖게 되었다고 할 수 있다.

완벽한 해를 구하는 학문인 수학은 본질적으로 엄밀한 논리와 밀접한 관계를 맺을 수밖에 없다. 수학 문제를 풀고 수학 이론을 만드는 일을 하는 수학자들은 대개 논리적으로 잘 훈련되어 있다. 전 세계의 대다수 수학자는 수학자이면서도 수학을 가르치는 사람이다. 수학자들은 학생들을 가르칠 때 자신들에게는 그렇게 자연스럽고 당연한 언어인데 (극히 일부 뛰어난 경우를 제외하고는) 학생들은 왜 그렇게 잘 구사하지 못할까 하며 답답해한다. 수학자도 학생일 때는 그런 과정을 겪었을 테고, 지금의 학생들도 나중에 수학자가 되면 자신을 가르치는 지금의 수학자들과 같은 심정을 가지게 될 것이다. 수학에서 논리적 사고력과 서술 능력은 필수이고, 학생들의 논리적 사고 능력은 교육과 경험을 통해 신장된다.

실은 대다수 수학자는 수리논리학자들이 연구하는 엄밀한 수학의 기초나 수학철학에 대해 크게 신경 쓰지 않는다. 교육과 경험을 통해 취득한 논리적 사고력을 이미 갖추고 있고, 그것을 학생들에게 가르칠 수만 있으면 충분하기 때문이다. 수학의 세계는 완벽한 논리의 세계는 아니다. 수학은 현실 세계와도 밀접한 관계를 맺고 있으므로 수학자들에게는 논리 외에도 경험과 직관이 매우 중요하다.

논리학, 집합론, 수학기초론

수학자가 사용하는 전문적인 언어는 복잡한 개념을 정확하고 신속하게 전달하고자 개발한 것이다. 그러나 그 언어가 보통 사람들에게는 낯설기 때문에 사람들이 수학의 사고 영역은 보통 사람들의 일상적인 사고 영역과는 동떨어진 것이라는 잘못된 인상을 가질 수 있다. 본래 수학은 실제 세계에 존재하는 대상과 그들 사이에서 일어나는 현상을 이해하고 설명하고자 개발한 것으로 늘 우리 상식의 연장선상에 있어왔다. 다만 수학이 우리에게 제공하는 엄밀한 논리구조와 추상적 개념이 없었다면 우리는 상식의 한계 때문에 길을 잃었을 수도 있다. 상식은 어디까지나 상식일 뿐, 우리에게 강력한 사고의 힘을 주지는 못한다.

수학과 과학을 통해서 인류가 밝혀내야 할 진리는 너무나 많다. 상상해보라. 이 세상의 복잡하기 이를 데 없는 자연현상은 매 순간 수없이 일어난다. 광활한 우주의 수많은 별과 은하와 블랙홀은 신비롭기 짝이 없는 광대한 비밀을 품고 있다. 이 드넓은 세상도, 한없이 작은 미세한 입자들로 이루어진 미시 세계도 모두 아직 인간이 모르는 수많은 신비를 간직하고 있다.

이 모든 세상의 비밀 중 극히 일부라도 이해하려면 강력한 지식의 힘이 필요하다. 수학자들은 오랜 세월 동안 과학이 우주의 신비를 밝히는 데 필요한 방법론 그리고 그 신비를 이해하고 설명하는 데 필요한 언어를 제공해주고자 고도로 엄밀한 개념과 이론을 개발해왔다. 수학의 도구인 개념과 이론은 정확하고 보편적인universal 지식이어야 한다. 그래야 사람들이 그런 지식을 이용하여 다른 어려운 문제들을 해결할 수 있게 된다. 또한 그래야 과학자들이 그런 지식을 이용하여 우주의 섭리를 이해하고 설명할 수 있게 된다. 수학의 힘은 결국 그 지식의 '정확성'과 '보편성'으로부터 오는 것이다. 그래서 수학자들이 의식하든 의식하지 못하든 수학은 논리학과 한 몸처럼 같이 가야 하는 것이다.

19세기는 유럽에서 수학과 과학의 발전 속도가 가장 빨랐던 때다. 이 시기에 각 학문 분야의 전문성이 높아지면서 분야가 세분화된다. 2000년이 넘게 모든 학문의 기초적 바탕을 이루어온 논리학도 19세기 후반부터 프레게, 칸토어와 같은 독일의 수학자들을 중심으로 그전보다 더 독립적이고 체계적인 학문 분야로 거듭나게 된다. 프레게는 수학적 개념들, 심지어는 수數조차도 완전하고 구체적인 논리로 정의해야 한다고 주장했다. 또한 논리적 서술에 필요한 형식적(주로 기호화한) 언어를 만들고자 했으며,

칸토어는 집합론의 창시자이자 무한의 세계를 논리적으로 다룰 수 있다는 것을
처음으로 보여준 수학자이다.

산술의 체계를 논리학에서 유도하려고 노력했다. 집합론의 창시자 칸토어는 오랫동안 수학과 논리학에서 금기시해온 '무한'이라는 개념이 염려했던 것과 달리 논리적으로 자연스럽게 다룰 수 있는 개념이라는 것을 보여줬을 뿐 아니라 집합이 논리학에서 꼭 필요한 개념이라는 것도 알려줬다.

수학과 논리학은 구체적으로 어떤 관계를 맺고 있을까? 독자들의 이해를 돕고자 한마디로 간단하게 말하자면, 현대논리학은 수학의 한 분야라 할 수 있다. 체계적이고 엄밀한 현대논리학을 철학자와 수학자가 공유하던 고전논리학과 구별하려고 수리논리학 또는 기호논리학이라고도 부른다. 수리논리학은 집합, 연산, 함수, 무한 등과 같은 수학적 개념을 포함한 집합론을 근간으

힐베르트는 19세기 말, 20세기 초에
가장 영향력 있는 수학자였다.
그의 형식주의는 수학철학과
논리학에 큰 영향을 미쳤다.

괴델의 불완전성정리는
세상을 깜짝 놀라게 했다.

로 하고 있기 때문에 그러한 배경지식이 없는 사람은 전문적으로 연구해서 이바지하기 어려운 학문이 되어버렸다.

수학 내에서는 수리논리학을 '수학기초론'이라고도 부른다. 논리학은 지난 100년간 힐베르트의 형식주의 철학에 입각하여 '수학의 완벽한 기초'를 만들고자 발전해왔다. 그러던 와중에 수학기초론에 혁명적인 사건이 하나 벌어진다. 1931년 오스트리아의 젊은 수학자 쿠르트 괴델은 불완전성정리를 발표하여 세상을 깜짝 놀라게 하면서 아인슈타인만큼이나 유명한 사람이 되었다.

괴델은 힐베르트, 페아노, 러셀, 화이트헤드 등 현대논리학을 개척한 최고의 수학자들이 달성하고자 하던 완벽한 논리 체계의

이탈리아 수학자 페아노는
프레게, 칸토어와 함께
현대논리학의 창시자이다.

양자역학의 선구자 중 한 명인
하이젠베르크는 1927년에 발표한
불확정성원리로 유명하다.

구성은 불가능하다는 것을 증명한 것이다. 당시에 물리학계에서는 새로운 패러다임인 양자역학이 물리학의 주류로 자리 잡기 시작한 데다가 하이젠베르크의 불확정성원리가 발표된 직후에 불완전성정리가 발표되었기에 당시의 지식인들은 "세상에는 완전하고 확실한 진리는 존재하지 않는다"라는 새로운 세계관을 세우게 되었다. 이것은 자연과학에서만이 아니라 철학이나 경제학과 같은 학문에도 커다란 영향을 미치게 된다. 현대논리학의 발전에 관한 이야기는 제3부에서 좀 더 이어서 하겠다.

완벽함과 엄밀함을 추구하는 논리학은 수학의 완벽한 기초를 정립하고자 노력해왔지만, 결국 논리적으로 그것이 존재할 수 없다는 것을 바로 논리로 증명한 것은 참으로 아이러니하다.

논리의 불완전성을 논하는 데 실은 굳이 어려운 괴델의 이론까지 거론할 필요는 없다. 우리가 학교에서 배우는 '집합'의 개념조차도 완벽하게 정의하기가 쉽지 않다. 한 집합의 원소가 엄청나게 많은 경우, 러셀의 패러독스와 같은 문제가 발생하기 때문이다.*

그러면 집합의 원소가 어느 정도 많을 경우 문제가 생기지 않을까? 그 기준을 정확하게 제시하는 것은 매우 어려운 문제이다. 우리가 수학에서 항상 다루는 실수實數조차도 완벽하게 정의하는 것은 쉽지 않다. 최소상계공리**를 실수의 정의에 꼭 추가해야 하는지 아니면 기존의 논리 체계로 증명할 수 있는지 잘 모르기 때문이다. 심지어는 자연수도 논리적으로 엄밀하게 정의하기가 쉽지 않다. 러셀과 화이트헤드가 공저 『수학원리』에서 '1+1=2'라는 당연해 보이는 사실을 수십 쪽에 걸쳐 어렵게 증명해놓은 것은 유명한 이야기다. 이 부분도 뒤에서 좀 더 자세히 설명하겠다.

수학자들은 논리의 세계 안에서만 연구 활동을 하지는 않는다. 경험에서 얻은 직관과 세상에서 일어나는 현상에 대한 관찰을 엄밀한 논리적 사고나 서술보다 우선시할 때도 많다. 논리의 세계는 완벽하지도 않고 수학자들이 논리에만 의존하지도 않지

---

* 그 이유는 뒤에서 자세히 설명하겠다.
** 이 공리는 내용이 다소 어려우니 이에 대한 설명은 생략한다.

만, 수학의 좋은 기초를 찾고자 지금도 전 세계적으로 많은 논리학자가 활발하게 연구한다. 대다수 수학자는 의식적이든 무의식적이든 수학에서 힐베르트가 추구하던 형식주의의 방향을 따른다. 그 길의 끝에 수학자들이 찾는 이상향은 존재하지 않는다는 것을 알지만 그 방향이 옳은 길이라고 믿고 가는 것이다.

기호의 힘

수학에서뿐만 아니라 논리학에서도 기호의 발명과 활용은 획기적인 발전의 원동력이 되었다. 수학이 오랜 세월에 걸쳐 이루어낸 커다란 발전의 핵심 요인으로 우리가 손꼽을 만한 것으로는 위대한 수학자들의 탄생, 수학이 발전할 수 있는 사회적 여건 등이 있겠다. 하지만 정작 가장 큰 비중을 차지하는 요인은 바로 새로운 기호의 발명과 활용이라는 것에 수학사史를 연구하는 대다수 학자가 동의할 것이다.

우리는 로제타석Rosetta Stone과 아메스 파피루스Ahmes Papyrus를 발견한 덕분에 고대 이집트 수학의 수준과 그 내용에 대해 잘 알게 되었다. 이 중 아메스 파피루스는 약 3600년쯤 전에 이집트에서 서기로 일했던 아메스가 기록한 것으로 1858년에 스코틀랜드 사람인 헨리 린드Henry Rhind가 발견해서 린드 파피루스라고도 부른다. 이 파피루스를 살펴보면 당시 이집트 기하의 수준은 제법 높았으나 곱셈, 분수 등 산술의 수준은 매우 낮았다는 것을 알 수 있다. 이는 당시 수학자들이 산술에 쓸 기호의 사용법을 몰랐기 때문이다.

이런 상황은 이보다 한참 후대인 그리스 시대에도 마찬가지였다. 그리스의 수학자들은 산술적으로 계산하거나 표현할 때 사용할 기호가 없어서 조금이라도 복잡한 계산을 수행하거나 산술적 공식을 만드는 것이 거의 불가능했다. 수학의 기본인 문자 계산이나 이차방정식의 풀이 등도 하지 못했다. 그들은 자연수조차도 불편하게도 그리스 알파벳 중에서 적당한 글자를 선택해서 나타냈다.

그리스 시대에는 숫자의 표기법도 불편했지만 0이라는 수의 개념을 발견하지 못해 자릿수를 이용해 수를 계산하거나 나타내는 것이 거의 불가능했다. 대수학의 아버지로 불리는 후기 알렉산드리아 시대의 디오판토스200?~284?가 그리스 수학에 최초로 기호를 도입했다고 알려져 있지만 그것은 기존 알파벳의 생략 기호를 사용한 것에 불과했다. 결국 디오판토스의 대수학도 여전히 기호의 사용이 미흡해서 일정 수준을 넘지 못했다.

역사적으로 수학 발전에 가장 크게 이바지한 수학기호를 하나 꼽으라고 한다면 그것은 바로 0부터 9까지의 '아라비아숫자'이다. 이 숫자는 원래 인도에서 발명되어 아라비아를 거쳐 유럽에 전파된 것이므로 인도·아라비아 숫자라고 부르는 것이 맞겠다.
유럽에는 13세기에 유명한 수학자 레오나르도 피보나치Leonardo
Fibonacci, 1170~1240?가 1202년에 쓴 책『산반서Liber Abaci』를 통해 소
개하면서 전파되었는데, 그 이후 아라비아숫자로 불려왔다. 당시
에 문화와 학문의 수준이 높은 이슬람 세계의 수학, 그중에서도
바그다드의 위대한 수학자 알콰리즈미의 저서들이 유럽으로 전
해졌다. 피보나치의 수학책도 알콰리즈미의 영향을 많이 받았다.

　0이란 숫자는 물건의 개수를 세는 데는 등장하지 않으므로
자연스럽게 생각할 수 있는 숫자는 아니다. 인도의 바스카라 1
세Bhaskara I, 600?~680?가 처음으로 0(당시에는 조그만 동그라미로 표
기했다)과 10진법 자릿수를 사용한 것으로 알려져 있다. 바스카
라 1세는 또 다른 위대한 인도의 수학자 브라마굽타Brahmagupta,
598~668?와 동시대 사람이다.* 인도에는 바스카라라는 이름의 수
학자가 한 명 더 있는데, 그를 편의상 바스카라 2세라고 부른다.
바스카라 2세가 1150년에 쓴『시단타시로마니Siddhantasiromani』**는
수학과 천문학에 관한 방대한 내용을 담고 있다. 이 책은 네 권
으로 되어 있고, 그중 제1권이 그 유명한『릴라바티Lilavati』이다.

　현대에 사는 우리는 어려서부터 수학을 배우며 아라비아숫

---

* 아리아바타Aryabhata(476~550)도 고대 인도의 위대한 수학자로『아리아바티아Aryabhatiya』,
『아리아시단타Arya-siddhanta』와 같은 저술을 남겼다.
** '시단타Siddhanta'는 산스크리트어로 '교리, 진리, 사상 등에 관한 책(경전)'이란 뜻이다.

타르탈리아의 초상

자, 덧셈(＋), 뺄셈(－), 등호(＝) 등의 수학기호를 사용해서 기호의 발명과 사용이 얼마나 힘든 과정을 통해 이루어졌는지 상상하기가 쉽지 않다. 옛날에 그 수많은 위대한 수학자조차도 기호 사용법을 몰랐던 것을 보면 그 중요성을 깨닫기가 쉽지 않은 것은 분명하다. 덧셈, 뺄셈 기호는 독일의 비드만Johaness Widmann, 1460~1498과 네덜란드의 판데르후커Gielis van der Hoecke가 각각 1489년, 1524년에 소개한 것으로 알려져 있지만, 본격적으로 쓰인 것은 16세기 중반 이후다. 수학에서 필수 기호인 등호 기호는 영국의 레코드Robert Recorde, 1512?~1558가 1557년에 쓴 책에 처음 등장한다. 레코드가 만든 기호는 오늘날 사용하는 등호 기호보다 옆으로 더 길쭉하게 생겼다.

프랑스의 수학자 비에트는 문자 계산, 10진법 소수 등
수학기호의 발전에 크게 기여하였다.

16세기에 (아직은) 종교의 중심지이자 최고의 문화국이던 이
탈리아에서 3차 방정식의 해법을 구하고자 델 페로Scipione del Ferro,
1465~1526, 타르탈리아Tartaglia, 1499~1557(말더듬이란 뜻의 별명으로 본
명은 '니콜로 폰타나Niccoló Fontana'이다), 카르다노Gerolamo Cardano,
1501~1576 등이 치열하게 경쟁했던 이야기는 매우 유명하다. 그들
은 그 복잡한 방정식의 해법을 구할 때 미지수를 문자 x로 나타
내고 수행하는 계산법을 알지 못했다. 당시에 그런 문자 계산법
도 모르면서 어떻게 그런 계산을 했는지 지금 우리로서는 상상
하기가 어렵다.

문자 계산이라는 혁신적인 방법은 비에트François Viète, 1540~1603
가 사용하기 시작했다. 비에트는 미지수는 모음으로, 이미 아는

수는 자음으로 나타냈다. 그리고 덧셈 기호는 사용했으나 등호는 사용하지 않았다. 제곱이나 제곱근 기호도 아직은 없을 때여서 지금 우리 눈에는 비에트의 수식이 그냥 말로 쓴 문장과 같은 느낌이 든다. 문자 계산에 결정적인 공헌을 한 또 다른 사람은 바로 데카르트다. 데카르트는 요즘 우리가 쓰는 방식대로 미지수는 알파벳의 뒤에 나오는 문자 x, y, z를 쓰고, 계수와 같은 상수는 알파벳의 앞에 나오는 문자 a, b, c를 썼다. 이들의 문자 계산법은 수학이 발전하는 데 엄청나게 큰 공헌을 했다.

17세기에는 이미 수학자들이 기호 사용법의 중요성을 인지한 이후라서 많은 수학자가 새로운 기호의 개발에 공헌했다. 영국의 오트레드William Oughtred, 1574~1660가 특히 많은 기호를 만들었는데, 그중 지금까지 사용하는 기호로는 곱셈 기호($\times$)가 있다. 프랑스의 에리곤Pierre Hérigonne, 1580~1643이 만들어낸 여러 기호 가운데 현재 우리가 사용하는 기호로는 부등호 기호($<$), 각의 기호($\angle$), 직각 기호($\perp$) 등이 있다.

뉴턴과 독립적으로 미적분학을 발견한 독일의 라이프니츠 Gottfried Leibniz, 1646~1716는 다재다능한 천재로 기호의 개발과 사용에 적극적이었다. 지금 우리가 사용하는 적분 기호와 미분 기호는 모두 라이프니츠가 만든 것이다. 또한 함수의 개념도 중시하여 $y=f(x)$와 같은 표현도 만들어냈다.

오일러는 많은 수학적 업적을 남긴 역사상 아주 뛰어난 수학

미적분학을 발견한 라이프니츠는 수학기호의 사용에도 선구자적인 역할을 했다.

자 중 한 명으로 수학을 현대화했다. 오일러가 고안하고 채택한 기호들은 유럽에서 금세 표준으로 받아들여졌고, 지금 우리가 사용하는 기호 중 상당수가 그가 만든 것이다. 오일러는 원주율 π, 자연 상수 e, 수열의 합을 나타내는 기호 $\sum_{i=1}^{n} a_i$ 등을 만들었다. 또한 삼각함수 기호 표시법 $\sin\theta$, $\cos\theta$ 그리고 $e^{i\theta} = \cos\theta + i\sin\theta$와 같은 식도 만들었다. 한 삼각형에서 세 꼭짓점을 A, B, C라 하고 그 마주 보는 변의 길이를 a, b, c라 하며, $s = \frac{1}{2}(a+b+c)$라 하는 것도 오일러가 시작했다.

물론 요즘 수학자들은 새로운 기호를 아주 잘 만들어 쓴다. 수학자들은 기호뿐만이 아니라 새로운 '용어'도 아주 잘 만들어 쓴다. 집합set, 함수function, 그래프graph, 군group 등 기존의 단어에 수학적 의미를 부여하여 쓸 때도 있지만 위상수학topology(토폴로지), 동형함수homomorphism(호모모피즘), 호몰로지homology, 코호몰로지cohomology 등 신조어를 만들어 사용하기도 한다. 새로운 용어와 기호를 발명하고 사용하는 것이 그 개념을 인식하고 활용하는 것뿐만 아니라 그 의미를 확대·재생산하는 데도 도움을 준다. 이는 물론 현대의 모든 학문에서 다 마찬가지지만, 수학이나 논리에서는 어려운 추상적 개념이 많이 등장하므로 특별히 중요한 부분이라 하겠다.

논리학에서도 19세기 후반에 새로운 수리논리학이 등장함과 동시에 바로 기호 사용법이 보편화된다. 기호의 힘을 아는 수학자들은 그들의 논리학을 구성하고 설명하는 과정에서 자연스럽게 새로운 기호를 만들었다. $\forall$, $\exists$, $\neg(\sim)$, $\lor$, $\land$, $\subset$, $\in$, $\Rightarrow$, $\Leftrightarrow$ 등의 기호는 논리학에서 가장 기본적인 기호다. 그래서 현대논리학을 기호논리학이라고 부르기도 한다. 20년쯤 전까지는 우리나라의 많은 대학에서 이 이름으로 수학과 전공과목을 개설했다. 하지만 현대논리학은 어차피 기호를 사용하며 기호논리학이라는 별도의 논리학 분야가 있는 것은 아니다. 그냥 수리논리학 또는 현대논리학 또는 수학기초론이라고 부르는 것이 더 타당해 보인다.

논리적 사고의 예

대학교에서 집합론, 위상수학, 해석학 등을 가르칠 때 학생들이 쉬운 내용인데도 의외로 잘 활용하지 못하는 것이 바로 최댓값과 최솟값의 의미다. 최댓값은 말 그대로 가장 큰 값이라는 뜻이고, 최솟값은 가장 작은 값이라는 뜻이니 그 의미를 모르는 사람은 없을 것이다.

"철수는 1학년 1반에서 (키가) 가장 큰 학생이다"라고 하자(여기서 편의상 '키'라는 단어는 생략하자). 이 문장을 논리적으로는 어떻게 이해하고 활용해야 할까? 이 문장은 "1학년 1반의 임의의 학생에 내서서, 철수가 그 학생보다 더 크거나 같다"라는 뜻이다. 다시 말해 "어떤 학생이 1학년 1반에 속한다면 그 학생은 철수보다 작거나 같다"라는 뜻이기도 하다.

여기까지 읽고 나서 독자들은 "왜 이런 당연한 말을 자꾸 하는 거지?"라고 하는 느낌을 받을지도 모르겠다. 하지만 이 당연해 보이는 서술법을 학생들은 잘 활용하지 못한다. 아마도 학생들도 이와 같은 논리가 최대와 최소의 의미를 나타낸다는 것은 알 것이다. 하지만 그것이 정말 최대와 최소의 유일한 의미이자 서술법이라는 믿음이 부족해서 이를 잘 활용하지는 못하는 것이 아닐까 싶을 때가 많다. 이 단순한 논리적 사고법은 다음과 같은 정리를 증명할 때도 활용한다(증명은 콤팩트compact의 개념을 설명해야 하므로 생략한다).

정리(최대, 최솟값 정리)

닫힌구간 $[a, b]$에서 정의된 연속함수는 최댓값과 최솟값을
갖는다.

쉬운 예를 하나 들어보자.

열린구간 $(0, 1)$은 최댓값을 갖지 않는다.*

이것은 당연한 말인가? 그렇다면 그것을 어떻게 보일 것인가?
조금 아까 말한 최댓값의 개념과 귀류법을 쓰면 된다. 증명은 다
음과 같다.

(증명) $(0, 1)$의 최댓값이 존재한다고 가정하고 그것을
M이라고 하자. 그러면 M은 $(0, 1)$의 원소이므로 $M < 1$이다.
그러면 (임의의 두 실수 사이에는 또 다른 실수가 존재하므로)
M보다 크고 1보다 작은 실수 x가 존재한다. 즉, x가 M보다
크므로 이것은 M이 최댓값이라는 것과 모순이다. 따라서

---

* 수학에서 '~을 갖는다'라는 말은 '~이 존재한다'라는 말과 같다.

최댓값은 존재하지 않는다.

실수 집합 $\mathbb{R}$이나 자연수 집합 $\mathbb{N}$이 최댓값을 갖지 않는다는 것도 이와 같은 논법으로 증명할 수 있다. 어떤 실수에 대해서도 그것보다 더 큰 실수(예컨대 $M+1$과 같은 수)가 존재하므로 어떤 실수도 $\mathbb{R}$의 최댓값이 될 수 없다.

사실 이러한 최댓값에 대한 논리는 단순한 언어적인 논리로 볼 수도 있다. 수학에서 언어적인 의미를 잘 이해하지 못해 오해가 생기는 예도 하나 들어보자. '각의 삼등분 작도 문제'라는 유명한 문제가 있다. 이 문제는 프랑스의 피에르 방첼Pierre Wantzel이 1837년에 작도할 방법이 없음을 보여 이미 끝난 문제인데, 아직도 이 문제를 풀겠다는 사람이 많다. 의외로 많은 사람이 자와 컴퍼스만으로 임의의 각을 삼등분하는 방법을 찾아 나서거나 자신이 이미 찾았다고 주장하는 것이다. 이는 그들이 "삼등분하는 방법이 존재하지 않는다"라는 말과 "삼등분하는 방법을 찾지 못한다"라는 말의 의미에 어떤 차이가 있는지를 이해하지 못해서 발생하는 해프닝이다. 나는 지금까지 두 명의 이공계 대학교수에게서 자신이 삼등분 작도 문제를 풀었으니 검토해달라는 이메일을 받은 적이 있다. 외국에도 그런 사람이 많아 그들을 트라이섹터 trisector라고 부른다.

예전에 한 사람이 원주율 π의 작도법을 자신이 찾았다고 주장하면서 서울대 수학과 교수들을 쫓아다니며 괴롭히다가 교수들이 응대해주지 않자 스스로 거금의 광고비를 들여 주요 일간지에 자신의 증명을 실었던 적이 있었다. π의 초월성은 1882년에 독일의 린데만Ferdinand von Lindemann, 1852~1939이 이미 증명했고, 따라서 π는 초월수이므로 작도할 수 없으니(작도할 수 있다는 말은 그것이 다항식의 근이 되는 수, 즉 대수적 수라는 뜻이다), 수학과 교수들은 그가 제시한 작도법을 쳐다보려고도 하지 않았을 것이다. 실은 π의 작도법을 찾았다고 주장한 사람은 π의 진짜 값이 아니라 그것의 근삿값을 작도한 것이었다.

수학적 귀납법은 대표적인 논리적 증명법이다. 나중에 '수학의 왕자Prince of Mathematics'라는 별명을 얻게 된 위대한 수학자 가우스Carl Friedrich Gauss, 1777~1855가 열 살 때 선생님이 칠판에 쓴 문제 '1+2+3+ … +100=?'에 대하여 "5050입니다"라고 답해서 선생님을 놀라게 했다는 유명한 이야기가 있다. 가우스는 이 100개의 수를 다 직접 일일이 더해서 계산한 것이 아니라 이 덧셈을 거꾸로 쓴 100+99+98+ … +1을 한 번 더 더해준 뒤 그 수를 2로 나누어 답을 얻은 것이다.

$$S=1+2+ \cdots +99+100$$
$$S=100+99+ \cdots +2+1$$
$$2S=101+101+ \cdots +101=101 \times 100=10100$$

가우스는 '수학의 왕자'라는 별명을 가진 역사상 가장 위대한 수학자로 꼽힌다.

그러므로 $S=5050$이다.

이와 같은 계산법을 통해 우리는 $1+2+3+\cdots+n=\dfrac{n(n+1)}{2}$이라는 공식을 얻을 수 있다(모든 등차수열의 합을 이 방법으로 구할 수 있다). 하지만 가우스가 한 것과 같이 수들을 거꾸로 써서 한 번 더 더하는 발상을 해내지 못하더라도 이 공식을 이미 알고 있다면 그 공식이 성립한다는 것을 증명하기는 쉽다. 수학적 귀납법을 이용하면 되기 때문이다.

고등학교 교과서에 나온 수학적 귀납법의 형태는 다음과 같다.

명제 $P(n)$이 모든 자연수 n에 대하여 성립하는 것을 보이려면 다음 두 가지를 보이면 된다.

(i) $n=1$일 때 명제 $P(n)$이 성립한다.

(ii) $n=k$일 때 명제 $P(n)$이 성립한다고 가정하면, $n=k+1$일 때도 명제 $P(n)$이 성립한다.

이보다 좀 더 강한 귀납법도 있다. 위의 (ii)항 대신 다음으로 교체한 것이다.

(ii)′ $n \leq k$일 때 명제 $P(n)$이 성립한다고 가정하면, $n=k+1$일 때도 명제 $P(n)$이 성립한다.

이것이 좀 더 일반적인 형태인 만큼 더 유용할 때가 있다. 이 강한 귀납법이 교과서에 나오는 약한 귀납법과 서로 동치임을 증명할 수 있다(관심 있다면 독자들이 직접 한번 증명해보기를 바란다).

앞서 언급한 급수 $1+2+3+\cdots+n=\dfrac{n(n+1)}{2}$을 수학적 귀납법으로 증명해 보이는 것은 기계적으로 할 수 있다. $1+2+3+\cdots+k=(1+2+\cdots+(k-1))+k=\dfrac{k(k-1)}{2}+k=\dfrac{k(k+1)}{2}$이기 때문이다.

또 다른 유명한 공식 $1^2+2^2+3^2+\cdots+n^2=\dfrac{n(n+1)(2n+1)}{6}$도 직접 계산해서 이 등식을 구하는 것은 쉽지 않다. 하지만 '이미 이 등식을 알고 있다면' 수학적 귀납법을 이용해서 이 등식이 성립하는 것을 보이기는 쉽다.

경우의 수를 구하는 문제에서도 계산하자면 복잡하지만 논리적 사고를 통한다면 쉽게 답을 구할 수 있는 경우가 많다. 예를 들어 다음과 같은 문제를 보자.

어느 축구대회에 스물네 팀이 출전했고, 이 대회를 (한번 지면 탈락하는 경기 방식인) 토너먼트로 진행한다고 한다. 경기 수가 최소가 되게 하려면 대진표를 어떻게 짜야 하는가?

가령 다음 그림과 같은 두 가지 대진표가 있다고 하자.

대진표 A

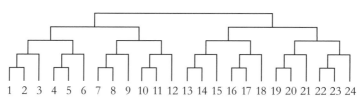

대진표 B

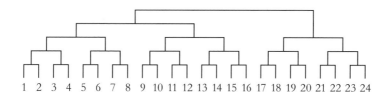

대진표 A는 먼저 16강을 만들고자 여덟 팀은 부전승으로 올라가고 나머지 열여섯 팀이 1차 예선전을 치른다. 대진표 B는 모든 팀이 1, 2, 3차 예선전을 거치고 나면 세 팀만 남는데, 그중 한 팀은 부전승으로 결승에 직행하고 나머지 두 팀은 준결승전을 치른다.

그렇다면 어느 대진표의 경기 수가 더 적을까? 정답은 '대진표와 관계없이 경기의 총수는 항상 스물세 번'이다. 경기 수를 계산해볼 필요도 없다. 경기마다 한 팀씩 탈락하니까 최종적으로 한 팀만 남고 나머지 스물세 팀이 모두 탈락하려면 스물세 번의 경기가 있어야 한다.

07

패러독스 이야기

논리와 연관된, 중요하고 재미있는 패러독스가 많이 있다. 패러독스란 '참으로 보이는 전제나 논리로부터 납득하기 어려운 결론에 이르게 되는 문제'를 말한다. 보통 우리말로 '역설'이라고도 하지만 나는 그냥 패러독스라는 용어를 쓰겠다. 왜냐하면 역설이라는 말은 원래 명사보다는 '역설적' 또는 '역설적으로'라는 관형사 또는 부사어로 주로 쓰던 말이기도 하고, 국립국어원의 해석에 따르면 '역설적'은 '어떤 주장이나 이론이 겉보기에는 모순되는 것이 있으나 그 속에 중요한 진리가 함축되어 있는'이라는 의미로 패러독스보다는 조금 좁은 뜻이기 때문이다.

또 한편으로는 '역설적'이라는 말은 원래 일본식 한자어다. 현재 일본에서는 '역설적'이라는 형용동사는 쓰지만 '역설'이라는 명사는 잘 쓰지 않고, 명사로는 그냥 패러독스パラドックス라는 말을 쓴다. 참고로 중국에서는 패러독스를 패론悖論이라고 한다.

패러독스에는 대체로 세 가지 종류가 있다. 첫째, 거짓말 같은데 정말인 경우, 둘째, 정말인 것 같은데 거짓말인 경우, 셋째, 정말이라고도 거짓말이라고도 할 수 없는 경우다. 잘 알려진 패러독스만 해도 수백 개는 되겠지만 여기서는 논리적·수학적·역사적으로 중요한 의미가 있는 5개의 패러독스만 소개하고자 한다.

제논의 패러독스

첫 번째로 소개할 것은 고대 그리스의 궤변론자sophist 제논 Zenon, BC 490?~BC 430?의 궤변이라고 배우는, 초등학생도 다 아는 아주 고전적인 패러독스다. 이 패러독스는 제논이 '어떤 물질이 운동하는 것은 우리의 환상일 뿐 실은 (매 순간) 멈춰 있는 것이다'라고 주장하며 제시했는데, 주로 세 가지 버전의 이야기가 전해진다. 그것은 달리기 선수가 목표 지점에 다다를 수 없다는 이야기, 화살을 쏘았을 때 화살이 과녁까지 날아가지 못한다는 이야기, 아킬레스가 거북이를 따라잡을 수 없다는 이야기다. 여기서는 첫 번째인 달리기 이야기로 그 패러독스를 서술해보자.

> 올림피우스가 달리기할 때, 그는 결승점까지 거리의 중간 지점을 지나야 하고, 그 다음에는 나머지 거리의 중간 지점을 지나야 하고, 또 그 다음에는 그 나머지 거리의 중간 지점을 지나야 하는 과정을 계속해서 반복해야 한다. 따라서 올림피우스는 결승점에 가까워지긴 하지만 결승점에 이르지는 못한다.

이 패러독스는 결승점까지 남은 거리의 중간 지점까지 도달하는 과정을 '무한히' 반복해야 결승점에 도달할 수 있는데 '유한한' 횟수의 과정만 살펴보고는 결국 도달할 수 없다는 결론을 지은 것이다. 결국 '유한적 사고로 무한적 현상을 설명하려고 한 것' 때문에 생긴 오류다.

또한 중간 지점에 이르는 과정을 반복하면서 올림피우스가 매번 달리게 되는 거리가 줄어드는 것과 동시에 달리는 데 걸리는 '시간'도 줄어든다는 사실을 간과하고 있다. 이 무수히 많은 토막 시간의 총합은 유한한데, 그 유한한 시간이 다 지난 후에는 어떤 일이 벌어지는지 설명하지 못하고 있다. 이 이야기는 무한과 극한의 개념이 부족하던 시절에 만들어져서 그 동시대의 철학자들이 쉬운 답을 내놓지 못했던 것 같다.

한편 제논의 패러독스를 수數를 이용하여 다른 말로 표현하면 다음과 같다.

$\frac{1}{2} + \frac{1}{4} + \frac{1}{8} + \frac{1}{16} + \cdots$는 1에 가까워지긴 하지만 결국 1보다는 작은 수이다.

여기서도 이 분수들이 '무한히' 많이 더해지면 결국 1과 같아진다는 것은 무한등비급수를 배운 사람이라면 다 아는 사실이다.

이 패러독스는 결국 순환소수 0.999…는 1과 같은가 하는 것과 본질적으로 같은 질문이다. 그런데 사람들은 직관적으로는 이 두 수가 서로 같다는 것을 받아들이기가 쉽지 않은 것 같다. 예전에 뜻밖의 경험을 한 적이 있다. 중·고등학교 수학 교사 연수 프로그램에서 강의할 때 이야기다. 내가 0.999…와 1이 같은 수라는 사실을 이야기하고 있는데, 한 선생님이 손을 들더니 "그래도 0.999…는 1보다 작은 수 아닌가요?"라고 하는 것이 아닌가? 아마 학생의 입장을 대변하여 던진 질문일 것이다. 두 수가 같다고 하는데도 마음속 깊이 수긍이 가지는 않으니까 말이다. 독자들은 어떻게 느낄지 궁금하다.

사람들은 $0.333\cdots = \frac{1}{3}$ 라는 등식이 성립하는 것은 비교적 쉽게 받아들인다. 이제 이 등식의 양변에 3을 곱하면 좌변은 0.999…

가 되고 우변은 1이라는 등식이 성립한다는 것을 알 수 있다. 독자들은 이렇게 수식으로 두 수가 같다는 것을 보여주면 수긍이 가는지도 궁금하다.

왜 0.999…가 1과 같은 수인지를 다른 방법으로 한번 따져보자. 내가 앞에서 언급한 귀류법을 사용하면 이 두 수가 같다는 것을 간단히 보일 수 있다(수학자인 나에게는 이 설명이 가장 간단하게 느껴진다).

편의상 0.999…를 α라 하자. 귀류법 가정으로 α가 1보다 더 작은 수라고 가정하자. 그러면 이 두 수 사이에는 또 다른 수 β가 존재한다(이런 수 β는 무수히 많이 존재한다. 대표적인 수로 α와 1의 평균인 $\beta = \frac{\alpha+1}{2}$을 잡을 수 있다). 그러면 β는 1보다 더 작은 수이므로 자연수 N을 엄청나게 큰 수로 잡으면 $0.9 + 0.09 + 0.009 + 0.0009 + \cdots + \frac{9}{10^N} = 0.99\cdots9$는 β보다 더 커지게 된다. 즉, $\beta < 0.99\cdots9 < \alpha$가 되므로 $\beta > \alpha$라는 것에 모순이 된다. 따라서 귀류법에 따라 0.999…와 1은 같은 수이다.

러셀의 패러독스

두 번째로 소개할 것은 20세기 초에 현대논리학의 형성 과정에서 등장한 것으로 논리학과 집합론에서 가장 중요하고 유명한 패러독스이다. 나는 대학교 2학년 초에 집합론 과목에서 처음으로 이 패러독스에 대해 들었는데, 당시에는 그것이 그냥 단순한 말장난같이 보였고, 왜 그렇게 중요하고 심각한 문제인지 잘 이해하지 못했다. 요즘에는 수학 관련 교양서적도 많고 이런저런 정보도 풍부해서 이 패러독스를 아는 학생도 많지만, 내가 학생일 때만 해도 나뿐만이 아니라 우리 학과 동기 대부분이 이에 대해 무지했다.

러셀1872~1970은 1901년에 칸토어의 집합론을 연구하다가 이 패러독스를 발견했다. 1902년에 러셀이 프레게에게 이 패러독스를 적은 편지를 보내자 프레게는 큰 충격을 받는다. 이에 얽힌 자세한 내용은 이 책의 제3부에서 이어서 이야기하겠다. 논리학의 역사에서 가장 중요한 패러독스지만 그 내용은 그리 어렵지 않다. 이제 러셀의 패러독스가 무엇인지 알아보자.

우선 "어떤 집합이 자신을 원소로 갖는다"라는 이상한 성질에 대해 생각해보자. 이 성질을 기호로는 집합 A에 대하여 $A \in A$로 나타낼 수 있다. 물론 대부분 집합은 이런 이상한 성질은 갖지 않는다. 하지만 '모든 집합의 집합'과 같은 집합은 자기 자신도 집합이므로 자신을 원소로 갖는다. 그럼 이제 이런 이상한 성질을 갖지 않는 (정상적인) 집합들만 생각해보자. 이때 성질 $A \notin A$를 갖는 모든 집합의 집합을 Ω라고 하면, 이 Ω가 이 이상한 성질을 만족하는지 아닌지 하는 문제가 바로 러셀의 패러독스다. 이것을 간단히 정리하면 다음과 같다.

> 집합 Ω를 $\Omega := \{A \mid A \notin A\}$*라 정의하자. 그러면 $\Omega \in \Omega$일 수도 없고 $\Omega \notin \Omega$일 수도 없게 된다. 왜냐하면
>
> (i) $\Omega \in \Omega$라면, Ω의 정의에 따라 $\Omega \notin \Omega$이어야 하고,
>
> (ii) $\Omega \notin \Omega$라면, Ω의 정의에 따라 $\Omega \in \Omega$이어야 하기 때문이다.

추가 설명을 좀 더 해보자. 정상적인 집합 A가 갖는 $A \notin A$라는 성질을 '성질 P'라고 부르자. 그러면 위의 집합 Ω는 성질 P를 만족하는 집합들의 집합이 된다. 러셀의 패러독스를 다시 서술하면 다음과 같다.

> (i) $\Omega \in \Omega$라면, Ω는 성질 P를 만족하지 않으므로 $\Omega \notin \Omega$이다.
>
> (ii) $\Omega \notin \Omega$라면, Ω는 성질 P를 만족하므로 $\Omega \in \Omega$이다.

---

* 수학에서는 정의할 때 그냥 단순한 등호 '='대신, 정의라는 것을 강조하고자 기호 ':='를 쓰는 경우가 많다.

이 문제에 대해 러셀은 프레게에게 편지에서 "자기 자신은 술어로 옳을 수 없는 술어"를 정의할 때 모순이 발생한다고 서술했다. 간단히 말해서 자기 자신에 대한 부정적 언급이 자신에 대해 모순이 발생하게 하는 것인데, 이런 종류의 패러독스의 예는 많이 있다. 러셀의 패러독스를 설명하고자 드는 예 가운데 가장 유명한 예는 다음의 '이발사의 패러독스'이다.

> 어느 마을에 이발사가 있다. 그 이발사가 "나는 스스로 수염을 깎지 않는 <u>모든</u> 마을 사람의 수염을 깎는다"라고 말했다. 그럼 그 이발사 자신의 수염은 누가 깎을까?
> (i) 스스로 깎는다면, 스스로 깎지 않는 사람만을 깎는다는 사실에 모순이 되고,
> (ii) 스스로 깎지 않는다면, 스스로 깎지 않는 <u>모든</u> 사람을 깎아준다는 말에 모순이 된다.

물론 이발사의 말에는 "스스로 수염을 깎지 않는 사람만 깎아준다"라는 내용은 생략되어 있지만 상식적으로 그런 뜻을 내포한다.

러셀의 패러독스처럼 자기 자신에 대한 부정적 언급으로부터 모순이 발생하는 예를 몇 개만 더 들어보자. 먼저 유명한 '거짓말쟁이 패러독스'가 있다. 고대 그리스의 철학자이자 시인인 에피

메니데스Epimenides는 다음과 같이 말했다고 한다.

"모든 크레타섬 사람은 거짓말쟁이다."

그런데 문제는 이 말을 한 에피메네데스 자신이 크레타섬 사람이라는 것이다. 그러면 에피메네데스가 한 이 말이 맞는 말일까, 아니면 틀린 말일까? 우선 이 단순한 문장을 다음과 같이 좀 더 분명하게 다듬는 과정이 필요하다. 그러니까 이 말을 "모든 크레타섬 사람이 하는 말은 <u>모두</u> 틀린 말이다"라고 바꾸어 생각해보자. 그러면 이 말은 맞는 말일 수가 없게 된다. 왜냐하면 만일 이 말이 맞는 말이라면, 이 말은 크레타섬 사람인 에피메네데스가 한 말이므로 틀린 말이 된다.

내가 고등학생 때 『성문종합영어』라는 영어 참고서에 'but'이라는 단어가 (부정적인 뜻의) 관계대명사로 쓰이는 예로 "There is no rule but has exceptions"라는 문장이 있었다. "예외 없는 법칙은 없다"라는 이 말은 맞는 말일 수가 없다. 맞는 말이라면 모순이 발생하는 이유를 살펴보자. 이 말도 하나의 법칙이라고 치자. 이 법칙이 맞는다는 것은 이 법칙은 모든 법칙에 대해 예외 없이 맞는 말이라는 뜻이다. 그렇다면 그것은 모든 법칙에 예외가 없다는 말에 모순이 된다. 이 말이 좀 헷갈린다면 다음과 같이 다소 단순한 문장으로 바꾸어 살펴보자. 위의 문장을 "모든 법칙은 예외가 있다"라고 쓰고, 예외가 있다면 그 법칙은 맞는 것이 아니므로 이것을 다시 "모든 법칙은 거짓이다"라고 바꾸어 써보자. 그러면 이 법칙이 참이라면 모든 법칙은 거짓이라는 말에 모순된다. 즉, "예외 없는 법칙은 없다"라는 말은 앞에서 서술한 거짓말쟁이 패러독스와 같은 형태의 패러독스가 된다.

어릴 때 학교에서 어느 학생이 칠판에 '낙서 금지'라고 크게 써놓으면 반 학생들이 그것은 낙서 아니냐며 웃었던 기억이 다들 있을 것이다. 이런 식의 패러독스는 모두 그 문장이 자신에 대해 부정적으로 언급할 때 발생한다.

베리의 패러독스

세 번째로 소개할 패러독스는 러셀이 자기 논문에서 소개한 것으로, 그가 언젠가 옥스퍼드대학교의 사서인 베리G.G. Berry, 1867~1928에게서 들었다고 한다. 이 패러독스의 서술 형태는 다양하지만 우리말 버전으로 만들어 소개하자면 다음과 같다.

'30개 이하의 글자로 표현할 수 있는 자연수 중 가장 큰 수보다 더 큰 수'
이 수가 존재한다면 모순이다. 왜냐하면 이 수도 30개 이하의 글자로 표현되어 있기 때문이다.

이 패러독스의 서술에 쓰인 말들이 평소에 우리가 사용하는 말이 아니어서 독자들이 이 문장을 처음 접하면 이게 무슨 말인지 느낌이 잘 오지 않겠지만, 차분히 살펴보면 이것이 재미있는 패러독스라는 것을 어렵지 않게 느끼게 될 것이다. 이 패러독스에 대해 설명해보자면 우선 우리말의 '글자' 수는 유한하다는 것을 사실로 받아들여야 한다. 참고로 완성형 한글의 글자 수는 2350개다. 하여간 글자 수가 1만 개는 넘지 않는다고 가정해도 무리는 없다. 그럼 30개 이하의 글자로 이루어진 문장의 개수는 어떠한가? 이것도 띄어쓰기를 무시하고 30×10000개, 즉 30만 개 이하다. 그럼 당연히 그런 문장으로 표현된 자연수의 개수도 유한하므로 그 중 가장 큰 수가 존재할 것이다.

자, 이제 이 가장 큰 수를 M이라고 부르자. 그리고 베리의 패러독스에 나오는 '30개 이하의 글자로 표현할 수 있는 자연수 중 가장 큰 수보다 더 큰 수'를 N이라고 하자. 즉, 이 패러독스의 문장을 기호로 나타내면 "$M<N$"이 된다. 그런데 문제는 이 수 N도 30개 이하의 글자로 표현되어 있다는 것이다. M이 그런 수 중에서 가장 큰 수라고 했으니 M이 N보다 크거나 같아야 하는데 이것은 $M<N$과 모순이다.

이 패러독스가 무슨 말을 하는지 이해하고 나면 "어, 다 맞는 말인데, 그것 참 이상하네. 어디가 잘못된 것이지?"하는 느낌을 받을 것이다. 물론 그래서 이것을 패러독스라고 부른다. 그렇다면 왜 이런 문제가 생겼을까? 그것은 기본적으로 '정의의 모호함' 때문에 발생한다. 이 패러독스에 등장하는 수에 관한 서술인 '표현할 수 있는'이라는 말이 명확하게 정의되지 않는 데에서 문제가 생긴 것이다.

이 패러독스는 현대논리학에서 매우 중요한 예로 다룬다. 어떤 표현이나 기호로 나타낸 수 가운데 최소와 최대를 결정하는 문제와 연관되어 있다. 또한 정의할 수 없음과 있음의 문제와도 연관되어 있다. 이 패러독스의 역으로 수학자들은 어떤 최소 또는 최대에 관련해서 베리의 패러독스 유형에 속하는 모순이 생기면 "그러므로 그 최소 또는 최대는 정의할 수 없다"라는 결론을 얻기도 한다.

이 패러독스는 러셀의 패러독스와 마찬가지로 기본적으로 자기 자신의 정체를 규정하는 '자기 언급self-reference'의 상황으로부터 발생된 문제다. 괴델의 불완전성정리도 결국에는 자기 언급의 문제로 귀결된다. 이 패러독스는 형식적 수학 언어로는 논리적 모순이 발생하지 않는 형태로 서술할 수도 있다(그레고리 찰틴Gregory Chaltin 등 다수가 해냈다). 또한 조지 불로스George Boolos는 1989년에 이 패러독스의 정형화한 형태를 이용하여 괴델의 불완전성정리를 좀 더 쉽게 증명하는 방법을 찾아냈다.

상트페테르부르크 패러독스

네 번째로 소개할 패러독스는 보통의 경우처럼 논리로부터 발생하지 않고 산술적인 계산 결과로부터 발생하며 확률론, 경제학, 재무 이론 등에 큰 영향을 미친 것으로 유명하다. 이 패러독스는 다니엘 베르누이Daniel Bernoulli, 1700~1782가 그 해법을 한때 근무하던 상트페테르부르크의 한 저널에 발표해서 상트페테르부르크 패러독스라는 이름이 붙었다. 이 패러독스의 내용은 다음과 같다.

어떤 사람이 동전을 계속 던지다가 앞면이 나오면 돈을 받고 이 시행을 멈추는 게임을 한다. 동전을 첫 번째 던졌을 때 앞면이 나오면 2달러를 받고, 두 번째 던졌을 때 앞면이 나오면 4달러를 받고, 세 번째에 앞면이 나오면 8달러, 네 번째에 나오면 16달러를 받는다. 이런 식으로 던지는 횟수가 늘어나면 매번 받는 금액은 두 배로 늘어난다. 그럼 이 사람이 받게 되는 금액의 기댓값은 얼마나 될까?

그 기댓값을 계산해보면 무한대이다(왜 그런지는 아래에서 설명한다). 그렇다면 이 게임에 참가하는 사람은 얼마를 내고 참가하는 게 좋을까? 산술적인 기댓값이 무한히 크므로 100만 달러를 내고라도 참가하는 것이 좋지 않을까?

우선 간단히 기댓값을 계산해보자.

첫 번째에 앞면이 나올 확률 $\frac{1}{2}$ × 상금 2달러 = 1달러

두 번째에 앞면이 나올 확률 $\frac{1}{4}$ × 상금 4달러 = 1달러

세 번째에 앞면이 나올 확률 $\frac{1}{8}$ × 상금 8달러 = 1달러

$\vdots$

이런 식으로 매번 시행할 때마다 기댓값이 항상 1달러씩이므로 이것을 계속 더하면 최종 기댓값은 한없이 커지게 된다. 기댓값 1을 계속 더하는 이유는 확률이 "첫 번째 나오는 경우, 또는 두 번째 나오는 경우, 또는 세 번째 나오는 경우, 또는 …"과 같이 계산되기 때문이다('또는'일 때는 더하고, '그리고'일 때는 곱한다).

기댓값이 더해지며 계속 커지게 되는 이유를 직관적으로 설명할 수 있다. 예를 들어 운이 좋게도 처음에는 계속 뒷면만 나오다가 서른 번째에서야 앞면이 처음 나온다면 그때 받는 상금이 2^{30}=1073741824달러, 즉 10억 달러가 넘는 엄청난 금액이 되기 때문이다. 앞면이 쉰 번째쯤에 나온다면 지구상 모든 사람이 가진 돈을 합친 것보다 더 많은 돈을 받을 수 있다.

하지만 현실적으로는 이 게임에 참가하는 사람들은 큰 돈, 예를 들어 1000달러 정도를 내고서 참가하려고는 하지 않을 것이

다. 왜냐하면 첫 번째에 앞면이 나오면 2달러, 두 번째에 나오면 4달러만 받고 게임을 마쳐야 하기 때문이다. 두 번째나 그 이전에 앞면이 나올 확률은 75퍼센트나 된다. 세 번째까지는 87.5퍼센트나 된다. 이처럼 계산 결과와 현실성이 서로 배치되므로 이것을 패러독스라고 부른다.

이 패러독스의 합리적 해법은 지금까지 여러 가지가 제시되었는데, 다니엘 베르누이는 로그log함수를 이용한 '효용utility함수'로 설명한다. 이때 효용은 게임에 참가하는 사람들이 각자 가진 돈의 많고 적음(즉, 돈의 효용)에 따라 달라진다고 말한다. 다니엘의 해법에 따르면 100만 달러를 갖고 있으면 20.88달러 이하, 1000달러를 갖고 있으면 10.95달러 이하를 내고 게임에 참가하는 것이 적당하다.

그런데 다니엘의 해법은 그가 제시한 함수의 값으로부터 나오긴 하지만 왜 그것이 최선의 선택인지를 논리적으로 설명하기에는 부족하다. 다니엘 베르누이의 해법 이전에 이미 제네바의 가브리엘 크라머Gabriel Cramer, 1704~1752도 해법을 제시했는데, 크라머는 게임에 참가하는 사람의 부에 따른 효용을 계산한 다니엘과는 달리 상금의 액수만을 고려했다.

이 두 사람의 해법은 완전히 만족스럽지 못했고, 그 후 여러 수학자가 나름의 해법을 제시했다. 특히 상금을 주는 주최 측이 지급할 수 있는 돈에 한계가 있을 때 참가비를 얼마로 할 것인지를 연구하는 것이 비교적 합리적이라고 받아들여지고 있다. 이 문제는 수학적이거나 논리적인 문제가 아니라 효용이라고 하는 사람들의 경제에 대한 심리를 어떻게 해석하느냐에 달린 문제여서 완벽한 해답은 있을 수가 없다. 하지만 이 패러독스는 20세기에 여러 경제학자와 수학자의 관심을 끌며 효용이론, 확률론, 결정이론, 에르고딕성ergodicity 경제학, 게임이론 등 다양한 분야의 형성 과정에 큰 영향을 미쳤다.

상트페테르부르크 패러독스는 원래 다니엘 베르누이의 사촌(둘째 큰아버지 니콜라우스Nicolaus Bernoulli의 아들)인 니콜라우스 베르누이 1세Nicolaus I Bernoulli, 1687~1759가 제시한 것이다. 여기서 잠시 역사상 유례가 없는 수학 천재 가문인 베르누이가家에 대해 알아보자. 이 가문에서 총 여덟 명의 유명한 수학자가 나왔는데, 그중 야코프Jacob Bernoulli, 1654~1705와 요한Johann Bernoulli, 1667~1748 형제 그리고 요한의 아들 다니엘Daniel Bernoulli은 당대 유럽에서 최고로 손꼽히는 수학자였다.

17~18세기 유럽에서는 수학을 매우 중시했고, 수학자들은 아주 유명한 사람들이었다. 상상해보자. 요즘에는 재능 있는 사람이 수많은 분야로 진출하지만 당시에는 학자의 전공 분야가 그다지 많지 않았다. 수학 외에는 신학(철학), 법학, 논리학 정도가 다였다. 따라서 유럽 최고의 수학자라는 말은 유럽 최고의 학자라는 뜻이고, 아주 특별한 재능이 있는 사람만이 그런 반열에 오

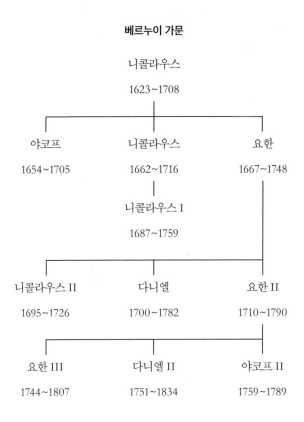

베르누이 가문

니콜라우스
1623~1708

야코프
1654~1705

니콜라우스
1662~1716

요한
1667~1748

니콜라우스 I
1687~1759

니콜라우스 II
1695~1726

다니엘
1700~1782

요한 II
1710~1790

요한 III
1744~1807

다니엘 II
1751~1834

야코프 II
1759~1789

를 수 있었다. 그런 특별한 재능을 타고난 사람들이 한 집안에서
쏟아져 나왔다는 것은 참으로 신기한 일이다(교육, 정보 등의 환경
이 좋아진 요즘에는 재능 있는 사람도 많아졌고, 최고의 업적이 반드시
최고의 재능을 의미하지는 않는다).

베르누이 가문은 원래 네덜란드에서 왔다. 야코프와 요한 형
제의 고조할아버지는 위그노(칼뱅주의 개신교도)였는데, 그는 당

시 네덜란드를 식민지로 삼고 있던 가톨릭 왕국 스페인의 종교 적 박해를 피해 독일의 프랑크푸르트로 이주했다. 향료 상인이던 그의 손자 야코프가 1620년에 스위스 바젤로 이주했고, 그곳에서 야코프의 손자들인 야코프와 요한이 태어났다. 지금도 바젤은 수학의 도시로 유명한데, 베르누이 가문 외에도 역사상 가장 위대한 수학자로 손꼽히는 오일러가 이곳 출신이기 때문이다. 오일러의 스승이 바로 요한이고, 다니엘은 오일러와 아주 친한 친구 사이다.

야코프와 요한의 업적을 한마디로 말하자면, 뉴턴과 라이프니츠가 발견한 미적분학을 체계가 잡힌 하나의 학문 분야로 일구어낸 것이라고 할 수 있다. 나이 차이가 많이 나는 이 형제는 처음에는 요한이 야코프에게 수학을 배우고 연구도 같이했지만, 어느 때부터인가 경쟁자로서 서로 비난하는 사이가 되었다. 자기 업적을 요한이 훔쳐서 발표했다고 생각한 야코프가 요한을 공격하면서 시작된 이 불화는 동생이 자기보다 더 유명한 수학자가 되는 것을 싫어한 야코프에게 좀 더 책임이 있어 보이긴 한다.

하지만 요한이 나중에 자기 아들인 다니엘도 시기하고 비난한 대목은 이해하기 어렵다. 요한은 아카데미프랑세즈Académie Française가 주관하는 대회에서 최고상을 아들 다니엘과 공동 수상하는데(1734년), 자신이 다니엘과 동급으로 취급받는 것이 불명예라고 여긴 그는 결국 다니엘을 집에서 나가게 한다. 일반인은 요한의 이러한 과다한 명예욕과 호승심을 이해하기 어렵다. 하지만 실은 내가 아는 국내외의 유명 수학자 중에도 어느 정도 그러한 성향을 띠는 사람들이 있다. 어쩌면 그들의 그런 성격이 그들이 학문적 성취를 이루는 데 도움을 주었을지도 모른다.

1725년 다니엘은 형 니콜라우스Nicolaus II Bernoulli, 1695~1726와 함께 상트페테르부르크 과학아카데미Saint Petersburg Academy of Sciences에 가서 근무하게 되는데, 그곳에 간 지 8개월 만에 형이 죽고 그 자리에 절친한 친구인 오일러가 오게 된다. 그곳에서 두 사람은 공동 연구를 통해 많은 성과를 거두지만 바젤을 그리워하던 다니엘은 1733년에 바젤로 돌아간다. 상트페테르부르크 패러독스의 해법은 돌아간 후인 1738년에 발표한 것이다.

미적분학, 미분방정식, 물리학 등을 공부할 때 베르누이라는 이름이 들어간 정리, 공식, 방정식, 원리 등이 많이 등장하는데, 그것의 반 이상은 야코프의 업적이다. 야코프의 업적 중에서 일반인에게 가장 유명한 것은 상수 e의 정의 '$e = \lim_{n \to \infty}(1+\frac{1}{n})^n$'(오일러가 정의했다고 잘못 아는 사람이 많은데, 오일러는 다만 기호 e를 채택했다)와 미분방정식에 등장하는 베르누이방정식이다.

다니엘의 업적 중 가장 잘 알려진 것은 유체역학에서의 핵심 공식인 베르누이방정식이다. 이것은 유체의 속도가 빠를수록 압력은 낮아진다는 법칙을 수학적으로 정확하게 표현한 식 '$\frac{1}{2}\rho v^2 + P = $상수'이다. 이때 v는 속도, ρ는 액체의 밀도, P는 압력이다. 비행기가 뜨도록 하는 양력도 이 원리로 설명할 수 있다.*

요한은 자타가 공인하는 당대 최고의 수학자로 미적분학의 발전에 크게 공헌했지만, 그의 업적 대부분은 일반인이 이해하기에 어렵다. 독자들은 최소 강하 곡선이 사이클로이드cycloid라는 것을 가장 먼저 증명한 사람 정도로 알고 있으면 될 듯하다. 나는 수학자의 가장 중요한 역할은 (자연과학자와는 달리) '개념과 이론을 이해하고 개발하며, 그것을 이용하여 남들이 풀지 못하는 문제를 푸는 실력을 갖추는 것'이라고 생각한다. 그런 점에서 요한은 위대한 수학자로 불릴 자격이 충분하다.

바나흐·타르스키 패러독스

마지막으로 소개할 패러독스는 폴란드의 두 위대한 수학자 바나흐Stefan Banach, 1892~1945와 타르스키1901~1983가 1924년에 발표한 것으로 세상을 깜짝 놀라게 하는, 상식적으로 이해하기 힘든 내용을 담고 있다.

하나의 공을 몇 개(실제로는 5개가 가능하다)의 조각으로

---

* 예전에는 고등학교 물리 시간에 이 공식을 배웠지만 '2015 개정 교육과정'부터는 없어졌다. 물리도 수학처럼 교육과정을 개편할 때마다 내용이 축소되고 있다.

폴란드 출신의 수학자 타르스키는 20세기 최고의 논리학자 중 한 명이다.

자른 후, 그 조각들을 평행이동과 회전만으로 이동하게 한 다음 다시 붙이면 원래의 공과 같은 부피와 모양의 공 2개를 만들 수 있다.

진짜? 도저히 믿기 어려운 내용인데 이것을 '정리'라고 한다고? 만일 이것이 사실이라면 금으로 된 공을 같은 부피의 공 두 개로 만들 수 있지 않겠는가? 그런데 사실은 그냥 두 개만 만들 수 있는 것이 아니라 그보다 한술 더 떠서 사과만 한 공을 태양만 한 공으로 만들 수도 있다. 물론 현실의 세계에서는 불가능하지만 수학의 세계에서는 가능하다. 이 정리는 상식과 배치되므로 패러독스라고 불린다.

사실은 수학자인 나도 예전에 이 패러독스를 처음 들었을 때 이건 말이 안 된다고 생각했다. 하지만 그들의 증명을 살펴보니 공을 자를 때 그냥 우리의 상식에 부합하게 '칼로 사과를 자르듯이' 자르는 것이 아니라 공을 다소 복잡하게 정의된 무한히 많은 점의 집합 몇 개로 쪼개는 것이었다. 이 집합들은 어떤 '기하적 도형'을 이루지는 않고, 그것을 이루는 점들은 흩어져 있어서 '부피'를 정의할 수 없다.* 하지만 그것들을 잘 돌려서 다시 붙이면 공 2개를 만들 수 있다.

　이 내용은 칸토어의 무한집합에 대한 개념을 이해하지 못하면 설명하기 어려운 점이 있으므로 자세한 내용은 생략한다. 독자들은 이것은 유한의 세계에서는 생길 수 없는, 무한집합의 특이한 성질 때문에 발생하는 현상이라는 정도만 이해하면 될 것 같다.

　바나흐·타르스키 패러독스는 '무한대 더하기 무한대는 무한대($\infty + \infty = \infty$)'가 되는 성질과 유사하다. 무한의 세계에서는 유한의 세계에서는 절대로 일어날 수 없는, 그래서 비상식적으로 보일 수 있는 현상이 일어날 수 있다. 현대논리학에 획기적인 전환점이 된 무한의 개념과 성질에 대해서는 뒤에서 다시 자세히 설명할 것이다.

---

* 수직선 위의 단위 구간 [0, 1]을 두 개로 쪼갤 때, 예를 들어 '유리수 집합'과 '무리수 집합' 두 개로 쪼갤 수 있다. 이렇게 두 개의 무한집합으로 쪼갤 수 있는 예를 상상하면 이해하는 데 도움이 될 것 같다.

이 정리의 증명에는 '선택공리'가 적용된다. 선택공리는 이처럼 그럴 법하지 않은 정리를 증명하는 데 종종 등장하므로 20세기 논리학에서 가장 뜨거운 감자였다.

이 놀라운 정리를 발견한 바나흐와 타르스키는 당대 최고의 수학자들이다. 수학을 전공하는 학생들은 해석학 과목을 들을 때 누구나 '바나흐공간Banach space'이라는 개념을 배운다. 이 공간은 해석학에서 매우 중요하고 기본적인 개념이다.

이 두 수학자를 배출한 폴란드는 한때는 강대국이었지만 18세기부터는 주변의 강대국인 러시아, 프러시아, 오스트리아, 스웨덴 등의 침략과 지배로 큰 고통의 세월을 보낸다. 그런데도 20세기 초, 특히 오스트리아·헝가리 제국의 지배에서 벗어난 제1차 세계대전 직후부터 제2차 세계대전 이전까지 세계 최고 수준의 수학자를 다수 배출한다(그 이후에는 많은 수학자가 미국 등 서방으로 이주했다). 당시 폴란드의 수학자들에 관한 이야기는 아주 유명하다. 이들 중 현재 전 세계 수학자가 다 알 만한, 실제로 20세기 수학 발전에 크게 공헌한 유명 수학자만 해도 20명은 넘을 것이다.

당시에 폴란드에는 여러 수학자 그룹이 있었는데, 그중 규모가 큰 그룹 3개를 꼽자면 르부프Lwów 그룹, 바르샤바Warszawa 그룹, 크라쿠프Kraków 그룹이 있다. 크라쿠프는 폴란드의 옛 수도로 오랫동안 학문과 문화의 중심지였다. 전통의 크라쿠프 그룹은 다소 독립적으로 활동했지만 새롭게 발전하기 시작한 르부프와 바르샤바 그룹은 서로 밀접하게 교류했기에 이 두 그룹을 합쳐서 그냥 폴란드 그룹Polish School of Mathematics이라고 부르기도 한다. 바나흐는 르부프 그룹에 속하고, 타르스키는 바르샤바 그룹에 속한다.

내 박사학위 지도교수인 피에도로비치Fiedorowicz가 폴란드 출신인 데다 박사과정에서 나와 가장 친하게 지내던 친구인 루이지애나주립대학교의 교수 오포로프스키Oporowski도 폴란드 출신이어서 나에게는 폴란드라는 나라가 유난히 친숙하다. 폴란드는 침략의 슬픈 역사가 있고, 민족성이 강인하며, 학문과 예술을 중시하는 전통이 있는 등 우리나라와 유사한 점이 많다.

폴란드 사람들이 존경하는 위인은 많이 있지만 그중 세계적으로 유명한 역사적 인물을 세 명만 꼽으라고 한다면 아마도 누구나 코페르니쿠스1473~1543, 쇼팽1810~1849, 마리 퀴리1867~1934를 꼽을 것이다. 폴란드인으로서 20세기 말에 세계적으로 가장 큰 영향력을 미쳤고 동유럽의 공산주의가 붕괴하는 데 큰 역할을 했던 교황 요한 바오로 2세1920~2005도 이 세 명에 못지않은 업적을 남겼다. 폴란드에는 위인이 많다.

우리나라에서는 전에 새로 발행할 5만 원권 지폐에 들어갈 위인을 선정할 때 논란이 좀 일다가 결국 신사임당으로 결정된 적이 있다. 지폐에 넣을 국가적 위인이 충분하지 못한 것은 혹시 남들의 공로나 재능을 잘 인정하려 하지 않는 우리 문화의 특성과 연관이 있지 않을까?

타르스키는 괴델에 비해 대중에게는 덜 알려진 수학자다. 바나흐·타르스키 패러독스 정도로만 그의 이름이 대중에게 알려져 있지만, 실은 그는 20세기의 현대논리학의 발전에 가장 큰 공헌을 한 사람으로 꼽힌다. 괴델은 불완전성정리로 인해 일약 유명한 수학자가 되었지만, 그 이후 논리학의 발전 과정에서는 타르스키의 공헌이 괴델보다 더 컸다고 할 수 있다. 타르스키에 대해서는 뒤에서 다시 이야기하겠다.

08

여섯 가지 유형의 오류

사람들은 말할 때, 판단할 때, 행동할 때 여러 가지 형태의 오류fallacy를 범할 수 있다. 많은 언어학자, 사회학자, 심리학자, 정치학자, 논리학자가 이 세상에 있는 수많은 오류의 예를 찾아내고 분석하고 분류하고 있다. 나는 이런 오류론의 전문가는 아니지만, 내가 평소에 생각하던 여섯 가지 오류를 다음과 같이 선정하여 이야기해보려고 한다. 우리가 일상생활에서 흔히 목격할 수 있는 것 그리고 내가 중요하다고 생각하는 것 중에서 골랐다.

1. 성급한 일반화의 오류

2. 이분법적 논리(흑백논리)의 오류

3. 필요조건, 충분조건의 혼동에 의한 오류

4. 잘못된 가정(정보)에 의한 오류

5. 확증편향(믿고 싶은 것만 믿기)의 오류

6. 과학적 소양(지식) 부족에 의한 오류

오류에는 형식적 오류formal fallacy와 비형식적 오류informal fallacy
가 있다. 형식적 오류는 논리적 오류라고도 하는데, 주로 논리상
으로 추론 규칙을 잘못 적용하여 발생하는 오류를 말한다. 비형
식적 오류는 형식논리상의 오류가 아닌 모든 종류의 오류를 말
하는 것으로 그 종류가 수없이 많다. 비형식적 오류는 주로 언어
의 모호성, 인지부조화cognitive dissonance와 같은 심리의 영향, 잘못
된 근거 채택, 지적 소양 부족 등으로 인하여 발생한다.

내가 말하고자 하는 여섯 가지의 오류 가운데 2번, 3번은 형식
적 오류라고 할 수 있다. 하지만 오류 중에는 형식적인 성격과 비
형식적인 성격을 둘 다 띠는 오류도 많다. 1번, 4번도 그에 속한
다고 할 수 있다. 이 여섯 가지의 오류 중에는 각기 독립적이지
않고 서로 연관된 것들도 있다. 이분법적 논리와 확증편향이 연
관될 수 있고 4번, 5번, 6번의 오류들도 모두 서로 연관성이 있다.

이분법적 논리와 확증편향이 모두 연관된 대표적인 오류의

예로 정치 쟁점을 두고 과다한 진영논리를 펼치는 오류를 꼽을 수 있다. 진보 진영과 보수 진영의 일부 사람들은 이런저런 정보를 토대로 해서 나름대로 논리를 펼쳐 상대 진영 사람들을 비난한다. 하지만 이때 그들은 대개 자기가 믿고 싶은 정보와 뉴스만 취사선택한다. 이런 기류에 편승해 가짜 뉴스들도 돌아다닌다. 심각한 확증편향의 성향을 보이는 경우도 있다. 대개 그들의 비난은 너무 극단적이어서 그들의 주장이 다 맞는다면 상대 진영 사람은 모두 아주 멍청한 사람이란 뜻이 되는 경우가 많다. 그런데 과연 어느 한쪽 진영 사람들만 그렇게 멍청할 수 있을까? 두 진영에는 많은 부류의 사람이 있는데 한쪽 진영 사람들은 모두 똑똑하고 다른 한쪽 진영 사람들은 모두 멍청하다고 하는 것은 명백한 오류다.

심리학에서는 많은 종류의 비형식적인 오류가 발생하는 근본적인 원인으로 사람들이 느끼는 인지부조화를 꼽는다. 이를 연구한 이론을 '인지부조화이론'이라고 부르는데, 1954년 미국의 사회심리학자 리언 페스팅어Leon Festinger가 이 용어와 이론을 제안했다. 인지부조화란 기본적으로는 자기 생각(이나 믿음)과 행동이 일치하지 않는 것을 의미하지만 이를 연구한 내용은 매우 복잡하고 광범위하다. 사람들에게서 나타나는 확증편향의 성향이 인지부조화의 대표적인 예라고 할 수 있다.

성급한 일반화의 오류

성급한 일반화hasty generalization의 오류는 사람들이 일상생활에서 가장 흔히 범하는 오류다. 먼저 예를 하나 들어보자.

"우리 마을에 A 할아버지도 B 할아버지도 매일 술을
마시는데, 두 분 다 90세가 넘게 건강하게 살고 있어요. 매일
술을 마셔야 장수합니다."

이 이야기에서처럼 성급한 일반화의 오류는 아주 적은 사례로 일반적인 결론을 맺는 것을 말한다. 즉, 잘못된 귀납적 추론으로 결론을 내리는 것이다.

어느 회사에서 A대학 출신 신입 사원 중 두 명이 영어를 잘한다고 하자. 부장은 그것을 보고 'A대학 출신은 모두 영어를 잘하는가 보다'라고 생각한다. 그러다가 그 후에 영어를 잘하는 A대학 출신 신입 사원이 한 명 더 들어오면서 부장의 생각은 확신으로 변하게 된다. 사람들은 두 번 정도는 그러려니 하다가도 세 번 똑같은 경우를 보게 되면 그것을 '확신'하게 된다.

성급한 일반화가 편견을 불러오는 경우도 많지만, 순서가 바뀌어 편견이나 선입견이 심리적 원인이 되어 성급한 일반화의 오류가 발생하는 경우가 더 많을 것 같다. 인종차별적인 편견이

대표적인 예라 할 수 있다.

사람들은 논리보다는 자신의 '직관'을 더 중시하는 경향이 있다. 우리 뇌는 우리 생각보다 훨씬 더 본능적으로 작동한다. 뇌는 마치 자동으로 일을 처리하는 기계같이 움직이는 것이다. 무엇인가를 인지하고 그들 간의 인과관계를 예측하는 프로세스를 본능적으로 그리고 자동적으로 처리할 때가 많다. 내가 앞에서 논리적 사고에 친숙해지기와 습관 들이기의 중요성을 강조한 것도 뇌의 그런 작동 기전mechanism에 따른 관점에서 기인한 것이다. 우리는 교육과 자기 계발을 통해서 본능에만 의존하지 않고 좀 더 보강된 사고력과 지식을 바탕으로 인지하고 판단하는 능력을 키워야 한다.

요즘에는 사람들끼리 대화하다가 한 사람이 성급한 일반화에 해당하는 말을 하면 다른 사람이 "에이, 그것은 일반화의 오류인데요"라고 하는 것을 종종 볼 수 있다. 아주 바람직한 현상이다. 그런 식으로 사람들이 어떤 개념을 나타내는 용어를 숙지하고 사용하는 것은 그 개념에 대한 사회적 인식을 확대하는 데 큰 도움을 준다.

이분법적 논리의 오류

이분법적 논리의 오류도 일상생활에서 흔히 접하는 오류이다. 사전적 의미로는 여러 가지 가능성이 있는데도 두 가지 가능성만으로 한정해 사고하는 오류를 말한다. 좋은 것이 아니면 나쁜 것이라거나 아군이 아니면 적군이라는 식의 흑백논리와도 같은 개념이다. 다만 흑백논리라는 표현은 주로 이원적 대립 구조하에서 나타나는 건전치 못한 논리를 강조할 때 쓴다.

이분법적 논리는 '명제는 참 아니면 거짓'이라는 논리 법칙인 배중률과는 완전히 다른 개념이다. 논리에서 다루는 명제란 기본적으로 참인지 아닌지를 구분할 수 있는 문장이어야 하고, 배중률에서는 참이 아닌 것을 거짓이라고 정의하는 것이다. 즉, 배중률에서는 "~가 있다"가 참이 아니라면 "~가 없다"가 참이고, "문이 열려 있다"가 참이 아니라면 "문이 닫혀 있다"가 참인 것과 같다.

세계 어느 문화권의 사람이든 본능적으로 이분법적인 방식으로 사고하는지도 모른다. 우리가 사용하는 언어에도 그런 사고방식이 녹아 있다. 내가 아는 한 세계의 거의 모든 언어에서 '아주 좋지는 않다'는 '나쁘다'를 의미하고, '좋아하지 않는다'는 '싫어한다'를 의미하고, '매우 성공적이지는 않다'는 '실패했다'를 의미한다.

학생들에게 집합론이나 위상수학을 가르치다 보면 학생들이 논리적·수학적 대상에 대해서도 이분법적으로 사고하는 모습을 보일 때가 많다. 예를 하나 들자면 수학에는 열린집합(개집합), 닫힌집합(폐집합)이라는 개념이 있다. 실수 집합 $\mathbb{R}$의 부분집합 중에서 열린구간 (a, b)는 열린집합이고, 닫힌구간 $[a, b]$는 닫힌집합이다. 좌표평면 $\mathbb{R}^2$에서는 다음 그림과 같이 경계에 놓인 점(경계점이라 하자)을 하나도 포함하지 않은 영역을 열린집합이라 하고, 경계점을 모두 포함한 영역을 닫힌집합이라고 한다.

위상수학에서는 이러한 열린집합과 닫힌집합의 특징을 살려 추상적인 개념으로 이 두 가지 집합을 정의하는데, 학생들에게 "다음 집합이 닫힌집합임을 보이시오"와 같은 문제를 내면 많은 학생이 "(이러이러한 이유로) 열린집합이 아니므로 닫힌집합이다"라는 식으로 답을 쓴다. 열린집합이나 닫힌집합은 수많은 집합

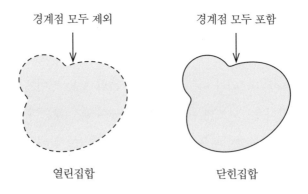

경계점 모두 제외   경계점 모두 포함

열린집합   닫힌집합

중에서 아주 특수한 집합이라서 열린집합도 아니고 닫힌집합도 아닌 집합이 얼마든지 많은데 말이다.

좌표평면 $\mathbb{R}^2$의 예에서 보면 열린집합은 경계점을 '하나도 포함하지 않는' 집합이고 닫힌집합은 경계점을 '모두 포함하는' 집합이다. 그러므로 하나 이상 경계점을 포함하고 있지만 포함하지 않는 경계점이 하나 이상 있는 집합은 다 열린집합도 아니고 닫힌집합도 아니다. 그래서 나는 그것을 강조하고자 학생들에게 "집합은 문門과 다르다"라고 말해준다. 즉, 문은 열려 있는 것이나 닫혀 있는 것, 둘 중 하나지만 집합은 이와 다르다.

우리나라 정치에서 흑백논리는 그 상태가 아주 심각해 보인다. 정치 상황이 양당 구도여서 더 그렇기도 하겠지만, 사람들은 상대 진영은 악이고 우리 진영은 선이라는 이원화된 단순 구도 속에서 무조건 상대 진영 사람들을 비난하고 증오한다. 진영논리와 흑백논리는 단순히 정치에서만 문제가 되는 것이 아니다. 우리 사회에는 자기와 생각이 조금만 다르더라도 나쁜 사람으로 치부하는 '편 가르기' 문화가 지나치게 만연하다. 최근에 문제가 되고 있는 젠더갈등뿐만 아니라 노년층과 청년층의 갈등, 친미·반미 갈등, 지역갈등 등이 모두 이분법적 사고방식에서 기인하여 발생하는 것이다. 앞으로는 이분법적 사고에서 벗어나 '다분법적으로' 사고해서 우리 사회에 좀 더 포용적인 문화가 확대되면 좋겠다.

내 경험담을 하나 꺼내보자면, 몇 년 전에 고등학교 동창 모임에 나갔다가 겪은 이야기다. 지난 10여 년간 중국의 대련이공대학이라는 곳을 종종 방문하여 대학원생들을 대상으로 강의도 하고, 나의 최근 연구 내용을 소개하는 세미나도 열곤 했었다. 그러한 나의 근황을 잘 아는 한 친구가 중국 왕래에 관해 물어서 잠시 중국을 주제로 한 대화가 오갔다. 그런데 다른 한 친구가 갑자기 나에게 "왜 친중을 하느냐. 친미를 해야 하는 것 아니냐"라고 하는 것 아닌가? 그는 내가 중국에 자주 가니까 나는 친중이고, 그것은 곧 반미를 의미한다고 판단한 듯하다.

필요조건, 충분조건의 혼동에 의한 오류

조건명제 "P이면 Q이다"는 기호로 "P $\Rightarrow$ Q"로 나타내는데, 이때 화살표 '$\Rightarrow$'는 어느 것이 필요조건이고 어느 것이 충분조건인지 기억하는 데 도움을 준다. 필요조건, 충분조건을 처음 배우는 학생들은 다음과 같이 이 내용을 외운다.

> 조건 P는 조건 Q이기 위한 충분조건이다. 왜냐하면 화살표 방향을 보면 P가 충분해서 Q로 주니까.
> 조건 Q는 조건 P이기 위한 필요조건이다. 왜냐하면 화살표

방향을 보면 Q가 필요해서 P로부터 받으니까.

한편 집합을 이용하여 외울 수도 있다. 아래와 같이 집합을 도식화한 그림을 통해 필요조건은 '큰' 집합이고 충분조건은 '작은' 집합이라고 외우거나 "(밖에서 출발하여) 작은 집합에 이르려면 먼저 큰 집합을 통해 들어갈 '필요'가 있으니 큰 집합이 '필요'조건이다"라고 외운다. 이때 말하는 집합이란 물론 '필요(또는 충분)조건을 만족하는 원소들의 집합'을 의미한다.

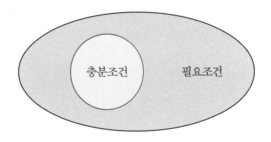

주변에서 필요조건, 충분조건을 혼동하여 생기는 오류를 흔히 볼 수 있다. 예를 들어 다음과 같은 말하는 경우가 있다.

"폭력은 모두 남자가 저지른다. 그러므로 남자는 다 폭력적이다."
"코로나에 걸리면 열이 나는데, 나는 지금 열이 난다.

그러므로 나는 코로나에 걸린 것이다."

다음과 같은 형태의 대화도 흔히 들을 수 있다.

A: "기차를 타면 멀리까지 여행을 갈 수 있어."
B: "철수는 버스를 타고도 멀리 여행을 갔는데?"

이런 유형의 오류는 모두 "P이면 Q이다"와 "Q이면 P이다"를
혼동하여 생긴 것이다.
스포츠 해설가들이 다음과 같이 말하는 것도 흔히 들을 수
있다.

"A 선수는 포핸드를 저렇게 쳐줘야지만 이길 수 있다."
"B 선수가 플레이를 잘해줘야지만 이 축구 경기에서 이길 수
있다."

이것도 같은 유형의 오류다. "A 선수는 포핸드를 저렇게 쳐줘
야 한다" 또는 "쳐주면 이길 확률이 높아진다"와 같이 말하면 되
는데, 뭔가 더 강하게 말하려다 보니 논리적 오류가 발생한다. A
선수가 포핸드를 그렇게 치지 못하더라도 백핸드를 더 잘 치거
나 서브를 잘 넣어서 이길 수 있고, 축구 경기에서 B 선수가 다

소 부진하더라도 다른 선수가 잘해서 이길 수도 있는데 말이다. 여기서 해설자들은 아마도 "~해야지"와 "~해야지만"이란 말에 큰 차이가 있다는 사실을 주의 깊게 살피지 못한 것으로 보인다.

영어로는 좀 더 표현이 분명한 느낌이 든다. 영어에서는 'if'라는 말과 'only if'라는 말을 쓴다. "P이면 Q이다(P ⇒ Q)"를 영어로 쓰면 "Q if P"이다. 그런데 영어로 "Q only if P"라는 말은 우리말로는 "Q이면 P이다(Q ⇒ P)"가 된다.

독자들에게는 이 두 번째 표현이 좀 헷갈릴 것 같다. 이것은 다음과 같이 이해하면 좋을 듯하다. 두 번째의 영어 표현을 우리말로 직역하면 "P이어야지만 Q이다"인데, 이 말은 P가 Q이기 위한 '필요조건'임을 의미한다. 또 다른 한편으로는 "Q이면 P이다"는 그것의 대우명제인 "P가 아니면 Q가 아니다"와 같은 말이므로 이 말을 "Q이려면 반드시 P이어야만 한다"라고 이해할 수 있다.

예를 들어 "철수가 찬성해야만 영희가 반대한다"라는 말은 영희가 반대한다는 것은 철수가 찬성한다는 뜻이므로 이것을 간단히 이렇게 나타낼 수 있다.

"영희가 반대한다. ⇒ 철수가 찬성한다."

즉, 철수가 찬성하는 것은 영희가 반대하는 것의 필요조건이다. 그래서 우리는 평소에 "~해야만"이나 "~이어야만"이란 말은 조심스럽게 써야 한다.

조건 P와 조건 Q가 동치일 때 우리는 "P는 Q이기 위한 필요충분조건이다"라고 말하고, 이것은 물론 "Q는 P이기 위한 필요충분조건이다"와 같은 말이다. 이것을 영어로는 "P if and only if Q"라고 말한다. 그래서 수학을 전공하는 사람들은 'if and only if'라는 말을 매우 자주 쓴다.

명제 "P이면 Q이다"에서 전문용어로 P를 '전건antecedent'이라 하고 Q를 '후건consequence'라 한다. "P이면 Q이다"를 "Q이면 P이다"와 혼동하여 서술하는 것을 '후건 긍정affirming the consequence'의 오류라고 한다. 그리고 "P가 아니면 Q가 아니다"로 혼동하여 서술하는 것을 '전건 부정denying the antecedent'의 오류라고 한다. 후건 긍정과 전건 부정은 고상한 말로 라틴어 어원을 가진 영어를 써서 각각 '모두스 포넨스modus ponens'와 '모두스 톨렌스modus tollens'라고 부르기도 한다.

그런데 실은 후건 긍정 명제와 전건 부정 명제는 서로 대우명제로서 이 두 명제가 의미하는 바는 서로 같다. 그런 의미에서 조건명제에서 나타나는 오류를 이렇게 두 가지로 나누는 형식적 분류는 논리에 익숙한 사람들에게는 별 의미는 없다.

과학 영재교육 정책과 관련해서 필요조건과 충분조건을 헷갈려 하고 이분법적으로 사고하는 사람이 많다. 한 가지 예로 "필기시험이나 경시대회에서 우수한 성적을 내는 학생을 과학 영재라고 할 수 있는가?"라는 쟁점에서 생기는 오류를 들어보자. 이는 과학 영재교육에서 시험 성적 위주의 전통적인 수월성 교육이 필요한가를 논의하는 과정에서 오류가 생긴 예다.

예전에 과학재단이 과학 영재교육을 지원하던 때 이야기를 해보자면(지금은 한국과학창의재단이 지원한다), 당시에 각 대학의 과학영재교육센터와 과학올림피아드 사업을 평가하거나 대통령이 공계장학금 대상자를 선정하는 일을 주도하는 교수 집단이 있었다. 그들은 자기들끼리 친하게 지내고 과학재단 담당 직원들과도 잘 아는 사이로 보였는데, 그중에 수학자는 없고 가끔 나와 몇 명의 수학자가 평가나 심사에 참여했다.

그런데 그 집단에 속한 사람들이 공통으로 가진 영재교육관이 있었다. 그것은 '과학(수학)올림피아드와 같은 시험에서 우수한 성적을 내는 학생을 과학 영재라고 할 수 없다'라는 것이다. 그들은 과학 영재란 관찰이나 실험에서 얻은 결과를 보고서로 잘 작성하는 학생이라고 주장한다. '뛰어난 과학 영재지만 시험은 잘 보지 못하는 학생이 많다'라는 사실에 집착하여 후건 부정의 오류를 범한 것이다.

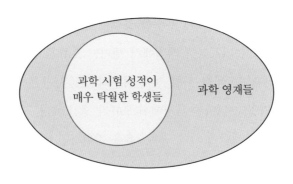

과학 영재 중에는 시험을 잘 보는 학생도 있고, 실험이나 관찰을 통해 좋은 결과를 도출하는 학생도 있고, 시험은 잘 못 보지만 통찰력이 좋은 학생도 있는 법이다. 수학 · 과학올림피아드에서 상을 받는 학생, 특히 국가 대표급 학생은 아주 소수로서 그들은 특별히 우수한 학생이다. 그들의 집합은 '과학 영재들의 집합'의 부분집합임이 틀림없다. 하지만 앞서 언급한 집단에 속한 교수들은 두 집합의 포함관계를 혼동하는 오류를 범한 것이다.

그들의 그런 오판 때문에 당시에 수월성 교육을 중시하던 서울 소재 대학의 과학영재교육원은 정기 평가에서 최하 점수를 받기 일쑤였다. 그 집단의 리더격이던 교수 한 사람은 대통령이 공계장학금 대상자 선정 평가에서도 국제수학올림피아드 한국 대표팀의 에이스였던 학생(지금은 세계적인 수학자)을 시험만 잘 본다고 영재는 아니니 탈락시켜야 한다고 주장하여 평가에 참여한 수학 교수들과 큰 마찰을 빚기도 했다.

잘못된 가정에 의한 오류

잘못된 가정에 의한 오류는 잘못된 가정으로부터 결론을 내리는 잘못된 연역적 추론의 한 예다. 연역적 추론이란 어떤 사실이라고 믿는 가설(전제라고도 한다)을 바탕으로 구체적인 사례에 대한 결론을 내리는 추론 방식으로 다음의 예는 고전적인 연역적 삼단논법으로 무척이나 유명하다.

> 모든 사람은 죽는다.
> 소크라테스는 사람이다.
> 그러므로 소크라테스는 죽는다.

이렇게 전제가 옳으면 이 논법에 별문제가 없지만, 전제가 잘못된 것일 때는 결론에 오류가 발생한다. 우리가 살아가면서 흔히 접하는 잘못된 전제에서 기인하는 오류는 대개 잘못된 선입견, 즉 잘못된 편견 또는 고정관념(또는 통념)으로부터 발생한다. 예를 들어 "흑인은 모두 농구를 잘하니까 데이비드도 당연히 농구를 잘할 거야"라든가 "러시아 사람은 모두 술을 잘 마시니 일리야도 당연히 술을 잘 마실 거야" 등이 있다.

인종차별, 남녀 불평등, 종교 갈등과 같은 사회적 문제도 모두 잘못된 편견에서 출발하며 이것들은 잘못된 가정에 의한 오류의 범주에 속한다. 미국에서 "백인이 자전거를 분해하고 있으면 수리한다고 생각하고, 흑인이 자전거를 분해하고 있으면 훔치고 있다고 생각한다"라는 말은 유명하다.

편견이 아주 심각한 결과를 초래할 때도 많다. 사실 대부분 사회적 불평등이나 갈등은 편견으로부터 출발한다. 제2차 세계대전 당시 독일의 나치는 편견 때문에 수백만 명의 유대인과 소수 인종을 학살했다. 과거의 수많은 전쟁과 그에 따른 비극, 사이비 종교에서 기인한 개인적·사회적 문제 등도 대개 잘못된 가정(편견)으로부터 출발하는 경우다.

내 주변에서 경험한 사소한 오류의 예를 하나 들어보자. 나는 통풍 환자로 10년 이상 '자이로릭'이라는 약을 먹고 있다. 운이 좋게도 이 약은 부작용이 아주 적은 편이다. 지난 몇 년간 내 주변에서 통풍 환자를 많이 만났다. 나름대로 통풍 전문가라고 자부하는 나는 그들에게 약을 먹지 않으면 왜 위험한지 설명하고 그 병 때문에 죽을 수도 있다고 겁을 준 후 약을 평생 먹어야 한다고 말해준다. 하지만 그들 대다수가 약을 먹지 않는다. 그 이유는 '양약을 오랫동안 먹는 것은 몸에 좋지 않다'라는 막연한 믿음 때문이다. 이런 막연한 가정으로 잘못된 판단을 내리면 그 결과로 10년 이내에 신장이 활동을 멈추고 20년 이내에 죽을 수도 있는데 말이다.

수학 문제를 풀 때도 틀린 (혹은 옳은지 확실하지 않은) 가정을 통해 증명하고는 그것이 맞는다고 생각하는 경우를 가끔 본다. 예전에 어떤 이가 '페르마의 마지막 정리'를 한 쪽 분량으로 간단히 증명했다고 주장하며 여러 수학자와 대한수학회 직원들을 몇 년 동안 괴롭힌 일이 있었다. 그는 대한수학회에 투고한 자신의 논문이 거절당하자 대한수학회 사무실에 찾아와 직원들을 괴롭히고 여러 정부기관에 찾아가 항의하면서 큰 물의를 일으켰다.

내가 수학올림피아드 출신 제자 한 명과 함께 그를 만나서 그 논문이 어디에 오류가 있는지 설명했지만 그는 받아들이려는 태도를 보이지 않았다. 그의 태도는 내가 다음에 서술할 5번과 6번 오류에 속하지만 그가 논문의 내용에서 범한 오류는 틀린 가정에 의한 오류에 속한다. 그는 틀린 수학 등식 하나를 토대로 페르마의 마지막 정리를 증명하고는 그것이 맞는다고 주장한 것이다. 그에게 틀린 식에서 유도한 결론은 맞지 않으니까 그 식이 옳다는 것부터 증명해야 한다고 설명했지만 그는 그런 논리의 기본을 이해하지 못했다.

현대는 과학의 시대이자 정보의 시대이다. 하지만 아직도 과학적인 근거를 바탕으로 어떤 결론을 내리거나 판단하지 않는 사람이 많다. 이런 점에서는 잘못된 가정이나 정보를 통해 판단하는 오류는 다음에 나올 6번 오류와 겹친다.

일반인이 보기에는 과학자(수학자)가 의심이 많은 사람으로 보일 수 있다. 과학자들은 "근거가 부족하다"라며 무언가를 쉽게 믿지 않거나 부정하는 모습을 보일 때가 많다. 그들이 그런 식으로 사고하고 판단하는 것은 그들은 잘못된 믿음이 얼마나 위험한지를 경험을 통해 잘 알기 때문이다.

내 경험에 비추어볼 때 대개는 근거가 충분하지 않으면 그것을 완전히 믿지는 않는 것이 좋다. 어떤 것이 참이라고 믿지 않는다고 그것을 거짓이라고 믿는 것은 아니다. 믿을 만한 근거가 나올 때까지 불가지론agnosticism의 태도를 보이는 것이 현명한 선택일 때가 많다.

여기서 불가지론이란 어떤 명제의 진위를 알 수 없다고 보는 관점을 말한다. 불가지론은 역사적으로는 신이 존재한다는 신학적 명제에 대한 유보적인 철학적 태도를 표현하고자 만들어진 말이다. 영국의 생물학자로서 옥스퍼드대학교에서 열린 진화론에 관한 논쟁의 주역으로 유명한 토머스 헉슬리Thomas Huxley, 1825~1895가 처음 이 말을 사용했다고 한다.

확증편향의 오류

사람들은 믿고 싶은 것만 믿고, 듣고 싶은 것만 듣는 성향이 있다. 이것을 확증편향이라고 부른다. 확증편향은 현대의 심리학에서 아주 중요한 연구 주제 중 하나다.

사람들에게 이러한 인지 편향이 나타나는 심리를 인지부조화 이론의 시각에서 볼 수도 있다. 뇌인지심리학자인 이상아 서울 대 교수는 「마음의 편향은 강력한 본능이다」라는 글에서 "오랜 진화의 과정을 통해서 감정이나 사회적 반응뿐만 아니라 물체 인식에서 생물 구분까지 편향된 직관이 인간의 마음 곳곳에 새겨져 있다"라고 말하고 있다.

『스켑틱Skeptic』* 한국판 중 하나인 『우리는 모두 조금은 이상한 것을 믿는다』의 서문에 다음과 같은 말이 나온다.

> "여러분은 지구가 평평하다고 우기는 지구평면론자, UFO가
> 지구에 방문한 외계인의 증거라는 외계인 신봉자, 자기가
> 누구인지 혈액형에 묻는 혈액형 성격론자, 종말이 온다고
> 재산을 모두 탕진한 밀레니엄 종말론자, 사후 세계를
> 경험하고 왔다는 임사체험자 등 우리 인간의 가장 대표적인
> 이상한 믿음을 가진 사람들을 만나게 될 것이다. 단순한
> 재미와 웃음을 넘어 이들은 우리가 가진 믿음 엔진의 정체가
> 무엇이고, 우리 마음이 어떻게 작동하는지 힌트를 제공한다.
> 이상한 믿음에 대한 이해는 우리 인간에 대한 이해를 더 깊게

---

* 『스켑틱』을 발간하는 '스켑틱학회'는 초자연적 현상과 사이비 과학, 유사 과학 그리고 모든 종류의 기이한 주장을 검증하고, 비판적 사고를 촉진하며, 건전한 과학적 관점을 모색하는 비영리 과학교육기관이다.

해줄 것이다."

이 책에서 대니얼 록스턴Daniel Loxton은 확증편향성에 대해 "아
는 것이 힘이다"라는 말로 유명한 영국의 철학자 프랜시스 베이
컨1561~1626의 다음과 같은 말(『신기관Novum Organum』, 1620)을 인용
하고 있다.

> "인간은 일단 의견이 채택되고 나면 모든 걸 동원해 그것을
> 뒷받침하고 동의하고자 한다. 반대되는 증거가 아무리
> 많아도 이를 무시하거나 경시한다. 그렇지 않다면 편견에
> 따라 증거를 구별하고 부분만 받아들인다. 이런 중대하고도
> 치명적인 사전 결정으로 말미암아 앞서 내려진 결론의 권위가
> 손상될 수 있기 때문이다."

확증편향은 대개 두 가지 단계로 이루어진다. 하나는 믿음의
근거가 되는 정보를 얻는 단계에서 믿고 싶은 것만 믿는 것이고,
또 하나는 자신이 가진 믿음에 대해 과다한 경직성을 보이는 것
이다. 후자의 심리적 성향을 사후 과잉 확신 편향이라고 한다.
자신의 취향에 따라 편견이나 선입견을 품게 되고, 그것에서 비
롯한 어떤 믿음을 갖거나 어떤 판단을 내린 후 자기의 믿음이나
판단을 고집스럽게 수호하는 것이다. 대개는 이 두 번째 단계의

오류가 첫 번째 단계의 그것보다 더 심각하다.

최근에 우리나라 대통령이 미국에서 열린 행사에 참석했다가 나오면서 했다는 발언에서 한 단어가 '날리면'이냐 '바이든'이냐를 두고 논란이 있었다. 이것은 사람들에게 있는 확증편향의 성향을 아주 잘 보여주는 예이다. 자신이 지지하는 정당에 따라서 똑같은 소리가 누구의 귀에는 '날리면'으로 들리고, 누구의 귀에는 '바이든'으로 들린다. 게다가 그들은 자신이 들은 것이 옳다고 '굳게' 확신한다.

유럽이나 미국에서는 오래전부터 수많은 예언자가 세상이 멸망할 것이라고 주장해왔다. 하지만 역사상 그들이 예언한 인류 종말의 날에 인류가 멸망한 적은 한 번도 없었다.

1954년 미국에서 도로시 마틴Dorothy Martin이라는 여자가 어느 외계의 별에 있는 지구 수호자들에게서 계시를 받았다며, 오대호가 범람하여 시카고 지역이 파괴될 것이라고 예언했다. 그뿐 아니라 대홍수로 지구가 멸망할 것이고, 자기들은 비행접시를 타고 탈출할 것이라고 했다. 미국 전체에 이 이야기가 알려지자 사람들은 비웃었지만, 마틴을 따르는 사람도 많았다. 결국 마틴이 예언한 그 시간에는 아무 일도 일어나지 않았고, 그들을 태우러 온다는 비행접시도 보이지 않았다.

마틴의 신자들은 그들을 관찰한 페스팅어의 예상과 똑같은 반응을 보였다.* 그들은 침묵과 회의를 반복하더니 갑자기 방문자들을 붙들고 자신들의 신념이 진실이라고 설득하기 시작했다. 한 의사는 다음과 같이 말했다.

> "나는 모든 것을 포기했어요. 모든 관계를 끊었고 되돌아갈 다리도 전부 끊어버렸습니다. 그러니 나에게는 의심할 여유 같은 건 없어요. 나는 믿을 수밖에 없어요."

얼마 후 마틴은 새로운 메시지를 발표했다. "하나님이 그들을 가엽게 여겨 종말을 취소했다"라는 소식이었다. 신자들은 지구를 구원한 영웅이었다. 그들은 기뻐 날뛰며 서로 축하했고 이 기쁜 소식을 알리고자 신문사로 전화를 걸었다.

1972년 남아메리카 가이아나에서 일어난 미국인의 인민사원 Peoples Temple of the Disciples of Christ 사건은 그 과정과 결과가 너무나 끔찍했다. 제임스 존스James Warren Jones라는 교주를 따르는 이 종교 집단에서 무려 918명이 자살하거나 타살되었다. 이 사건으로 미국인뿐만 아니라 전 세계 사람들이 큰 충격을 받았다.

1993년 미국 텍사스의 웨이코Waco에서도 큰 사건이 터졌다. 교주 데이비드 코레시David Koresh의 종말론을 믿는 일명 다윗교('다윗'은 영어로는 '데이비드'다) 신자들과 경찰이 대치하다가 경찰

---

* 대니얼 록스턴, 「인지 부조화는 어떻게 현실을 왜곡하는가」, 『Korea SKEPTIC』 Vol. 28. 2021.

의 무리한 진압으로 화재가 발생하여 76명이 사망했는데, 이 끔찍한 사건은 전국에 텔레비전으로 생중계되었다. 그 후 그런 비극적인 사건은 연방정부의 잘못 때문에 일어났다며 복수하겠다고 벼르는 사람이 많아졌고, 1995년 그중 한 명이 오클라호마주 오클라호마시티에 소재한 연방정부 청사에 폭탄 테러를 벌인다. 이때 엄청난 폭발로 168명이 사망하고 700명 가까이가 다쳤다.

우리나라에도 사이비종교로 말미암은 사회적 폐해의 예는 수 없이 많다. 그 종류도 많고 피해자도 광범위하게 속출한다. 1992년에 일어난 다미선교회의 시한부 종말론 사건은 당시 온 나라를 떠들썩하게 했다. 그때 교주 이장림 등이 10월 28일 자정에 종말이 온다고 예언했고, 이장림은 종말을 '휴거'라는 말로 불렀다. 수많은 신도가 재산을 바치며 휴거를 기다렸지만 예언된 시간에는 아무 일도 일어나지 않았고 이 과정은 전국의 텔레비전에 중계되었다. 당시 구치소에 수감되어 있던 교주 이장림은 그 시간이 되기 전에 태연히 잠을 잤다고 한다. 아무 일도 일어나지 않았지만 신도 중 상당수는 휴거일은 언젠가 온다는 믿음을 버리지 못했다.

1987년에는 오대양 집단 자살 사건이 일어나 세상을 흔들었다. 교주 박순자와 그의 자식 세 명 그리고 그를 따르는 신도들 등 모두 32명이 집단으로 자살한 사건이다.

그 외에도 사회적 물의를 크게 일으킨 사이비종교는 많다. 얼마 전에는 먼 나라 브라질에까지 가서 집단생활을 하는 '돌나라 한농복구회'라는 희한한 사이비종교가 다섯 명의 어린이가 사망한 사건으로 세상에 알려졌다. 언론을 통해 알려진 사실은 실로 충격적이다. 교주 박명호가 1000명이 넘는 신도를 데리고 브라질의 한적한 곳에 가서 그들만의 왕국을 만들었는데, 신도들은 주식으로 익히지 않은 생곡식을 먹고, 여자 어린이들은 교주의 아이를 낳아주겠다는 노래를 단체로 부른다.

우리나라에서 나타나는 집단적 확증편향은 종교에서만 볼 수 있는 것이 아니라 유사 과학, 유사 역사학pseudohistory 등에서도 볼 수 있다. 전자는 주로 맹목적인 믿음과 연관이 있고, 후자는 주로 대한민국의 일명 '국뽕'이라 부르는 지나친 민족주의와 연관이 있다.

지구는 공처럼 둥글지 않고 평평하다고 믿는 사람도 많다. 그들은 현대 과학은 거대한 음모라고 주장한다. 그리고 그럴듯한 동영상을 만들어 유튜브 등을 통해 자신들의 주장을 널리 알리고 있다. 2017년 이후 매년 미국에서 열리는 평평한 지구론 학회에는 해마다 많은 사람이 참석하고 있다.

유사 역사학은 비합리적인 근거를 토대로 역사적 사실을 왜곡하는 사이비 역사학으로, 홀로코스트는 허구라는 주장처럼 다른 나라에도 흔히 존재한다. 그런데 우리나라에는 유난히 그 세력이 크다. 우리나라에서 유사 역사를 믿는 사람들은 『환단고

기』등 신빙성이 높지 않은 책들을 바탕으로 아주 옛날에는 한 민족이 중국 땅을 지배했던 위대한 민족이라고 주장한다. 단순히 민족주의, 선민사상, 열등감 등을 바탕으로 이러한 이야기를 믿는 사람도 있지만 증산도라는 종교를 통해 그러한 믿음을 갖게 된 이도 많다. 그들은 주류 사학자들을 식민사관에 현혹되어 진실을 보지 못하는 멍청이라고 생각한다.

그런데 이들의 이런 주장은 정치·외교적으로 아주 위험하다. 중국은 이른바 '동북공정'이라는 이름으로 중국의 동북 지역에 있는 3개 성의 역사와 고구려의 역사를 동일시하며, 고구려사를 중국의 역사에 포함하고자 한다. 즉, 한반도의 역사를 중국사의 일부로 보고 싶어 하는 것이다. 그런데 만일 우리의 유사 역사학이 주장하는 대로 한민족이 현재 중국 땅 일부의 지배자였다면 그것은 바로 한국의 역사가 자연스럽게 중국의 역사와 연결된다는 뜻이 된다. 한국 사람들은 중국을 한국과 비슷한 하나의 단순한 나라로 인식한다. 하지만 실은 중국은 드넓은 땅에 있던 수많은 나라와 민족의 복합체다. 한국을 그중 하나로 포함하게 하는 우를 우리 쪽에서 범해서는 안 된다.

사후 과잉 확신 편향의 예는 너무나 흔히 볼 수 있다. 베이컨이 400년 전에 지적한 바와 같이 자신의 의견이 잘못된 정보에 기반하여 이루어진 경우에도 (대개는 그 정보가 틀리지 않았다고 우기며) 자신의 의견을 바꾸지 않는 사람이 많다. 사이비종교, 유사

과학, 유사 역사학을 믿는 사람들도 이러한 과잉 확신 편향의 대표적인 예가 되지만 그런 거창한 신념이 아니더라도 우리가 생활하며 건강, 육아, 정치, 교육 등 다양한 분야에서 볼 수 있는 소소한 예도 많다. 우리는 사고와 판단에 있어서 좀 더 유연해질 필요가 있다. 오늘날과 같은 정보화시대에는 귀가 얇은 사람이 현명한 사람이다.

과학적 소양 부족에 의한 오류

나는 하루에 아메리카노 커피를 한두 잔씩 마시는 것을 즐긴다. 최근에 한 지인이 나에게 에스프레소나 그것에 물을 타 만든 아메리카노는 콜레스테롤 수치를 높이니 자주 마시지 말라고 권했다. 아마도 여러 해 전에 한 방송국 뉴스에서 "에스프레소는 우리 몸 안의 콜레스테롤을 높이니 좋지 않다"라는 내용의 방송을 한 것 때문으로 보인다.

언젠가부터 에스프레소나 아메리카노 대신 드립커피를 마시는 게 몸에 더 좋다고 믿는 사람이 많아졌다. 그 이유는 커피 원두의 약 13퍼센트가 지방으로 되어 있는데, 에스프레소를 만드는 과정에서 원두 가루의 지방이 그대로 다 추출되기 때문이라고 한다. 하지만 그렇다고 과연 그게 몸에 좋지 않을 정도의 콜레스테롤을 포함할지 의심스럽다. 에스프레소는 양이 기껏해야 20~30밀리리터 정도밖에 되지 않아 양이 아주 적은데 말이다.

식품공학자인 최낙언 박사는 여러 매체를 통해 우리에게 전달되는 음식과 관련한 올바르지 않은 정보와 오류를 다룬 글을 많이 쓰고 있다. 최 박사는 건강에 좋다는 음식, 좋지 않다는 음식에 대한 정보가 넘쳐나지만 그중에는 초보적인 과학 지식에도 맞지 않는 엉터리 정보가 많다고 말한다. 그는 「음식으로 뇌를 고칠 수 있다고?」라는 글에서 이와 관련한 여러 가지 오류를 지적하고 있다. 그는 톰 오브라이언Tom O'bRyan의 베스트셀러 『당신은 뇌를 고칠 수 있다You can fix your brain』에 나오는 "우리 몸은 끊임없이 오래되고 손상된 뉴런을 제거하고 새로운 뉴런을 생성한다"라는 엉터리 주장을 소개한다. 오브라이언의 주장은 사실 신경세포나 뇌세포는 거의 재생되지 않는다는 기초적인 과학 상식에 어긋난다. 최 박사는 사람들이 판단의 근거로 삼고 있는 다음과 같은 거짓 정보를 나열한다.

> "글루텐은 설탕보다 빠르게 혈당을 높인다."
> "밀가루에는 마약과 같은 중독성 성분이 있고, 우유에도 중독성이 있다."
> "MSG를 먹으면 뇌가 망가진다."
> "산성식품을 먹으면 몸이 산성이 된다."

"콜레스테롤은 나쁜 물질이다."

화학자인 이덕환 교수는 음이온에 만병통치의 효능이 있다고 하는 엉터리 음이온 괴담이 도무지 사라지지 않는다고 한탄한다. 이 교수는 우리나라에 음이온 관련 특허가 무려 5855건이나 된다며 우리나라를 '음이온 공화국'이라고 부른다. 또한 음이온이 실제로는 소비자의 안전을 위협하고 심각한 사회적 혼란과 갈등의 원인이 되고 있다고 지적한다. 음이온이라는 과학용어를 이용한 가짜 과학 마케팅의 대표적인 예로는 음이온 공기청정기, (게르마늄이나 토르말린으로 만든) 음이온 팔찌, 라돈 침대 등이 있다. 이 중에는 심지어 방사선을 방출하는 모나자이트라는 위험한 광물까지 쓰는 것도 있다고 한다.

유명한 과학철학자 카를 포퍼Karl Popper는 "과학은 반증을 인정하고 유사 과학은 인정하지 않는다"라고 했다. 유사 과학자들과 달리 과학자들은 끊임없이 의심하고, 합리적인 근거에만 의존하여 결론을 내린다. 일단 내린 결론도 그것을 반증하는 증거가 나오면 즉각 수정한다. 그래서 이런 말이 있다. "수학자(과학자)들은 낮에는 증명하려고 노력하고 밤에는 반증하려고 노력한다."

수학적(논리적) 소양 부족으로 인한 오류의 예를 들어보자. 강력한 산아제한 정책을 벌이던 1980년대 초에 있었던 이야기다. 당시 새로운 군사정부는 '하나만 낳아 잘 키우자'라는 산아제한

운동을 벌이며, 자식을 세 명 이상 낳는 것은 금기시했다. 자식을 세 명 이상 낳으면 직장에서 인사상의 불이익을 받는 것을 감수해야 할 정도였다. 한편 그때는 남아선호사상이 강하던 시절이라 딸을 두 명 낳은 가정에서는 아들을 얻고자 세 번째 자식을 낳는 경우가 많았다.

그래서 국회에서 딸 두 명을 낳은 가정에서 아들을 낳으려고 세 번째 자식을 낳으면 벌금을 부과하는 법안을 논의했다는 기사가 신문에 난 적이 있다. 그 기사에 '그 법안은 검토 과정에서 남자아이가 태어날 확률을 줄여 남녀 성비를 무너트릴 수 있어 폐기되었다'라고 쓰여 있었던 것이 기억난다. 즉, 여아 둘이나 셋을 낳은 부부에게 그다음 자식으로 남아를 낳을 기회를 박탈하면 우리나라에 태어날 남아의 비율이 낮아질 것을 우려했다는 것인데, 과연 그럴까?

딸 둘, 셋을 낳았으니 이젠 아들을 낳을 확률이 높다는 사회적 통념이 있었지만 실은 그것은 옳지 않다. 어떠한 법률이나 제도도 남녀 성비를 깨트리지는 못한다. 왜냐하면 그런 법률이나 제도 때문에 '태어나지 못할' 아이들의 남녀 성비는 늘 같기 때문이다. 태아의 성별을 미리 알고 난 후에 낙태 등으로 인위적으로 조작하지 않는 한 남녀 성비가 법률이나 제도로 산아를 제한한다고 해서 깨지지는 않는다.

확률을 잘못 해석하여 발생하는 오류는 야구와 같은 스포츠

경기 중계방송에서도 종종 접할 수 있다. "저 선수는 타율이 4할인데 지난 세 타석에서 안타를 치지 못했으니 이번 타석에는 안타를 칠 확률이 높다"라는 식으로 말하는 해설자가 있다. 이것도 앞에서 예로 든 산아제한법의 경우와 같은 유형의 오류다. 이러한 종류의 오류를 도박꾼의 오류the gambler's fallacy 또는 몬테카를로의 오류Monte Carlo fallacy라고 부른다(몬테카를로는 모나코에 있는 도박으로 유명한 도시다).

타석에 들어가 안타를 치는 것은 (원칙적으로) 독립시행으로서 그 앞의 시행들에서 안타를 몇 개나 쳤는가 하는 것은 각 타석에서 안타를 칠 확률과는 무관하다. 설혹 매 타석이 독립시행이 아니고 안타를 칠 확률이 선수들 심리의 영향을 받더라도 심리가 확률을 높일지 낮출지 개인마다 다를 뿐만 아니라 그런 요소들까지 이미 통계(확률)에 포함되어 있는 것이기 때문에 해설자의 결론은 엉터리다. 실제로 전 세계의 모든 도박장, 로또 게임장 등에서 사람들이 이런 유형의 오류를 저지르고, 그 때문에 큰 손해를 입기도 한다. 그래서 "동전은 과거를 기억하지 못한다"라는 말이 너무나 유명하다.

3부

현대논리학의 발전

09

새로운 논리학의 시작

논리학의 새로운 발전은 19세기 말에 주로 독일의 수학자들에 의해 시작되었다. 이 새로운 논리학은 그대로 현대논리학이라고 불러도 좋다. 아리스토텔레스의 논리학이 대변하는 고전논리학 은 오랫동안 유럽과 아라비아에서 수사학에 가까운 형태로 여러 학문의 기초를 이뤘다. 유럽에서는 오랜 세월 동안 종교의 절대 적인 권위에 압도되는 상황 속에서 논리학 역시 다른 학문들과 마찬가지로 별다른 진전을 이루지 못하다가 유럽에 새로운 각성 의 시대가 열리면서 획기적인 발전을 이루게 된다.

데카르트는 17세기에 좌표평면과 문자 계산을 고안해냄으로써 수학의 혁신적인 발전을 이끌기도 했지만, 데카르트가 수학과 과학에 진정으로 공헌한 것은 인간의 순수한 이성을 통해 (교회에 의존하지 않고) 진리를 탐구한다는 새로운 과학철학을 제시한 점이라고 생각한다. 그래서 수학사史 강의 시간에 학생들에게 데카르트를 역사상 수학 발전에 가장 큰 공헌을 한 사람으로 소개한다. 수학적 내용과 관련한 업적만 본다면 데카르트보다는 오일러, 가우스 등이 더 많겠지만 당시 유럽에서는 학문을 어떤 철학을 바탕으로 연구해야 하는가가 그보다 더 중요했다고 생각한다.

논리학은 18세기에 스코틀랜드의 흄, 리드Thomas Reid, 1710~1796와 독일의 칸트 등에 의해 새로운 발전을 꾀하기 시작한다. 인간의 순수한 이성을 통해 이 세상의 진리와 인간이 추구하는 삶의 가치를 탐구하는 새로운 철학 정신이 성숙함에 따라 자연스럽게 논리학은 새로운 발전을 이룩할 발판을 마련했다.

19세기 독일의 발전

현대적 논리학의 체계적이고 학문적인 연구는 19세기 말에 프레게1848~1925와 칸토어1845~1918 등 독일의 수학자들에 의해 시작되었다. 특히 칸토어가 이룩한 집합론은 수학과 논리학의 새로운 지평을 열었다. 19세기 말부터 20세기 초반에 일어난 이러한 '새로운 논리학'의 발전은 당시에 전 세계 지식인의 이목을 끌었고, 이에 공헌한 주역들에 얽힌 여러 가지 이야기는 지금까지도 유명하다. 이 이야기를 본격적으로 시작하기 전에 먼저 19세기 독일의 수학에 대해 잠시 살펴보자.

16세기까지 유럽의 문화와 학문의 중심지는 아무래도 교회의 본부가 있는 이탈리아였는데, 17세기부터는 프랑스와 영국이 그 자리를 이어받게 된다. 당시 프랑스와 영국은 국력이 크게 신장되어 세계 곳곳에서 식민지 개척에 열을 올렸다. 두 나라는 유럽의 최강국이 되기 위해 서로 경쟁했고, 그에 따라 수학(과학)도 발전하게 된다. 이 두 나라에서 뉴턴, 데카르트, 파스칼, 페르마 Pierre de Fermat, 라플라스Pierre Simon Laplace, 라그랑주Joseph Louis Lagrange 등 위대한 수학자(과학자)들이 활약하며 뛰어난 업적을 남겼다.

이 두 나라 간의 오랜 경쟁은 19세기 초에 절정에 이르렀다. 프랑스는 나폴레옹전쟁(1803~1815년)을 통해 프랑스가 역시 유럽 최강이라는 사실을 보여주기는 했지만, 궁극적으로는 연합국에 패배해 깊은 상처를 입는다. 프랑스는 그 이후에 7월혁명(1830년), 2월혁명(1848년), 파리코뮌(1871년) 등 오랫동안 정치적·사회적 불안을 겪으며 과학의 수준과 국력에서 독일과 영국에게 조금씩 밀리는 상황을 맞이하게 된다. 프로이센·프랑스전쟁(일명 보불전쟁)에서 프랑스가 프로이센에 형편없이 지고 만 것도 결국 독일이 과학기술 경쟁에서 프랑스보다 앞섰기 때문인 것으로 해석할 수 있다.

한편 독일과 오스트리아 쪽에서는 프랑스대혁명과 나폴레옹전쟁 그리고 유럽 전반에서 일어나게 된 민족주의의 영향으로 1000년간 이어져 온 신성로마제국이 해체되고(1804년) 오스트리아제국이 수립된다. 19세기 중반을 넘어설 즈음 여러 개의 제후국으로 나뉘어 있던 독일은 통일된 그들만의 제국을 건설하고자 오스트리아를 배제하고 프로이센왕국*을 중심으로 뭉친다. 결국 프로이센·프랑스전쟁에서 승리한 후 1871년에 통일을 이룬 독일제국은 유럽에서 가장 군사력이 강한 국가로 거듭나고, 한편으로는 수학과 과학 분야에서 최고의 선진국이 된다. 이렇게 부상한 독일은 세계 최강국이라는 자부심을 품은 영국과 부딪치게 되고, 이러한 갈등이 결국에는 20세기 초에 제1차 세계대전이라는 비극으로 이어진다.

19세기 독일 수학, 과학의 발전은 역사상 가장 위대한 수학자 중 한 명으로 꼽히는 가우스의 업적으로 대변할 수 있다. 가우스는 괴팅겐대학교Georg-August-Universität Göttingen에서 천문대장 겸 수학 교수로 근무했다. 괴팅겐대학교는 가우스가 평생 이곳에서 근무한 여파로 20세기 초까지 전 세계 수학의 중심지 역할을 하게

---

* 프로이센을 영어로는 프러시아Prussia라고 부른다.

가우스의 후계자 디리클레.
유럽 최고의 수학자임을 공인받은 셈이다.

가우스의 제자 리만은 현대 수학의
아버지라 할 수 있다.

된다. 또한 가우스는 '수학의 왕자'라는 별명도 갖고 있다.

괴팅겐대학교에서 활동한 수학자로는 가우스 사후에 후계자로 그의 자리를 이었던 디리클레Peter Dirichlet, 1805~1859, 가우스의 제자이자 현대 수학의 아버지라 할 수 있는 리만Georg Riemann, 1826~1866 그리고 슈바르츠Hermann Schwarz, 1843~1921, 클라인Christian Felix Klein, 1849~1925, 힐베르트1862~1943, 민코프스키Hermann Minkowski, 1864~1909 등이 있다. 19세기 중후반에 독일에는 괴팅겐에서 근무한 수학자들 외에도 쿠머Ernst Eduard Kummer, 1810~1893, 바이어슈트라스, 아이젠슈타인Ferdinand Eisenstein, 1823~1852, 크로네커Leopold Kronecker, 1823~1891, 데데킨트Julius Dedekind, 1831~1916 등 역사상 최고 수준이자 현대 수학의 형성에 지대한 영향을 미친 수학자들이

쿠머는 현대 대수학algebra의
발전에 크게 기여했다.

민코프스키는 힐베르트의 절친이며,
상대성이론을 수학적으로 재구성했다.

즐비했다.

19세기 후반부터 20세기 초반에 이르는 긴 시간 동안 독일은 수학과 과학(특히 이론물리학)의 중심 국가였다. 물론 영국도 빅토리아 여왕1819~1901의 재위 기간(1837~1901년)에 '해가 지지 않는 나라'라 불릴 만큼 최고의 전성기를 맞이하고 그 기간 동안 마이클 패러데이Michael Faraday, 찰스 다윈, 제임스 맥스웰James Clark Maxwell과 같은 역사상 최고 수준의 위대한 과학자들이 나왔다. 하지만 국력이 급성장한 독일제국은 영국과 과학적·문화적 수준에서 어깨를 나란히 하고, 특별히 수학이나 당시에 새롭게 발전하기 시작하던 이론물리학 분야에서는 독일이 영국보다 한발 앞서는 상황에 이르게 된다. 그 하이라이트에 칸토어, 힐베르트, 아인슈타인 등이 있는 것이다.

당시 영국이 독일보다 뒤처지게 된 한 가지 원인으로 뉴턴과 라이프니츠의 다툼을 꼽을 수 있다. 이 두 사람은 누가 더 먼저 미적분학을 발견했는가를 두고 심한 다툼을 벌였는데(원래는 서로 존경하는 사이였다), 그 여파로 영국은 100여 년간 독일과 프랑스 중심의 대륙 수학계와 학문적 교류를 거의 하지 않게 된다.

대체로 프로이센·프랑스전쟁 이후부터 제1차 세계대전 이전 까지를 프랑스어로 벨에포크La Bell Époque라 부른다. 우리말로는 '아름다운 시절'이라는 뜻으로 유럽은 이 시기에 사회적·문화적·경제적으로 크게 발전하고 전쟁이 없는 상태를 유지한다. 이 때가 아마도 과학이 가장 빨리 발전하던 기간일 것이다. 즉, 인류 역사상 과학기술이 인류의 삶을 가장 크게 바꾼 100년을 꼽으라고 한다면 19세기 중반부터 20세기 초반까지의 100년이 가장 유력할 것이다. 최근 반세기 동안 인류는 컴퓨터와 인터넷의 발전으로 일상생활에 큰 변화를 경험하고 있지만, 19세기 후반에 겪었던 변화보다 더 큰 변화라고 하기는 어려울 것이다. 이 시기에 발명된 전등, 사진기, 기차, 모터, 전화기, 무선통신, 자동차, 영화, 라디오, 플라스틱, 녹음기, 화학비료, 합성섬유, 세탁기 등과 새로운 제철 기술은 인류의 삶을 그 이전의 삶과는 완전히 다른 것으로 바꾸었고 아직도 인류는 그 영향 아래에서 살고 있다.

고틀로프 프레게

고틀로프 프레게는 새로운 논리학이 탄생하는 데 가장 크게 공헌한 사람이며 기호논리학의 창시자라고 할 수 있다. 프레게는 양화명제quantified statement를 분석하는 체계를 만들었고, 논리에서 '증명proof'이라는 용어를 형식화했다. 프레게는 논리 체계를 이용하면 이론적 수학적 명제를 더 간단한 논리적 수학적 표현으로 풀어낼 수 있다는 것을 보여줬다.

프레게는 수학의 중요한 부분들을 '논리'로부터 얻어내려고 했다. 예를 들자면 논리로부터 수론number theory에서의 공리들을 유도해내고자 했다. 후에 프레게의 체계는 일관적이지 않다inconsistent는 것이 증명되었고, '수학을 논리로 줄이고자 하는' 그의 평생 목표는 이루어지지 않았다. 하지만 논리학에서는 프레게의 새로운 시도가 새로운 지평을 열었고 지금까지도 큰 영향을 미치고 있다.

프레게가 태어난 독일 북부의 조그만 항구도시 비스마어Wismar는 한때 스웨덴 영토였고, 그가 태어날 때까지도 아직 스웨덴이 자기 영토라고 주장하던 곳이다. 프레게는 1869년에 예나대학교 Friedrich-Schiller-Universität Jena에 들어가서 수학을 공부하다가 1871년 수학의 메카 괴팅겐대학교로 편입한 후, 그곳에서 1873년에 박사학위를 받는다. 그 이후 평생 예나대학교에서 교수로 근무했다.

그 학교에 임용된 이후 처음 5년간 프레게가 도서관에서 빌린 책들의 목록을 보면 역학, 해석학, 기하학, 타원함수론 등 그 분야가 매우 다양하다.[*] 이것으로 우리는 프레게가 예나대학교에서 여러 가지 수학 과목을 가르쳤다는 것을 알 수 있다.

프레게는 다양한 고등수학 과목을 강의하면서도 다른 한편으로 새로운 논리를 연구하기 시작했고, 1879년에 처음으로『개념 기호: 산술에 근거하여 형성한 순수 사고의 형식 언어Begriffsschrift, eine der arithmetischen nachgebildete Formelsprache des reinen Denkens』라는 책을 출간한다. 이 책은 매우 혁신적인 내용을 담고 있으나 당시에는 수학자들의 관심을 크게 끌지는 못했다. 그는 이 책 제2부에서 내가 소개했던 기본적인 논리기호 몇 개와 진리표의 구상 등을 창안했다.

프레게의 기호들이 지금 사용되는 기호와는 조금 모양이 다른데, 이는 그 이전에 아라비아숫자가 그랬던 것과 유사하다. 지금 우리가 쓰는 아라비아숫자는 원래 아라비아에서 쓰던 숫자와 모양이 조금 다르다(그래서 지금 아라비아나 이란에서 쓰는 숫자는 우리가 쓰는 숫자와 모양이 조금 다르다). 또한 아라비아에서 쓰던 원래 숫자도 인도에서 전래했는데, 그 원전인 인도 숫자와는 모양이 조금 다르다.

---

[*] Kreiser, L., Frege Conference 1984, Proceedings of the International Conference Held at Schwerin, GDR, September 10~14, 1984, Berlin: Akademie-Verlag, 13~27.

그의 다음 명저는 1884년에 쓴 『산술의 기초Die Grundlagen der Arithmetik』(줄여서 『그룬트라겐Grundlagen』이라 부른다)로 그는 이 책에서 산술의 공리적 이론을 건설하고자 했다. 좀 더 구체적으로 말하자면, 다음 두 가지 질문의 답을 주고자 했다. 수란 무엇인가? 산술적으로 참이란 무슨 의미인가?

실은 그의 이 책도 학계의 큰 관심을 끌지 못했다. 이 책의 비평을 쓴 유일한 수학자가 바로 칸토어였다. 칸토어는 이 책의 내용을 충분히 이해할 만한 사람이었는데도 형편없이 나쁜 평을 달았다.*

1893년에는 프레게의 대표작인 『산술의 기본법Die Grundgesetze der Arithmetik』(줄여서 『그룬트게제체Grundgesetze』라 부른다)을 출간한다. 1902년에 『산술의 기본법』 제2권을 출간하려고 원고를 인쇄기에 걸고 있을 때, 그는 버트런드 러셀에게서 패러독스가 적힌 충격적인 편지를 받는다. 이 패러독스의 심각성을 바로 감지한 그는 러셀과 많은 서신을 교환한 끝에, 자신의 공리를 일부 수정하고 『산술의 기본법』 제2권(1912년 출간)의 부록에 이 패러독스를 자신이 세운 체계의 언어를 통해 소개했다.

하지만 그의 논리 체계는 이 패러독스를 넘어서지 못했을 뿐 아니라 그의 체계 자체가 일관성이 없다는 것이 (그의 사후에) 증

<hr />

* 『브리태니커 백과사전』 전기, http://www.britannica.com/biography/Gottlob-Frege

명되었다. 그는 늘 학계의 무관심에 대해 불평하는 한편, 칸토어와 데데킨트가 각각 제시한 무리수에 대한 이론을 크게 비판했다.

1923년 즈음 그는 자신이 평생 동안 이루려던 목표인 '논리의 산술'은 실패라고 결론을 짓고, 산술 대신 '기하'에서 그런 노력을 해야 한다고 제안했다. 20세기 후반의 세계 최고 수학자 중한 명인 서스턴William Thurston, 1946~2012이 제기한 3차원 다양체에 대한 '기하화 추측Geometrization conjecture'**은 프레게의 제안을 연상하게 한다.

프레게의 논리 체계를 러셀의 패러독스가 무너뜨린 이야기가워낙 극적이어서 마치 그의 노력 전체가 수포가 된 것으로 오해하는 이가 많지만, 그의 업적은 현재까지 생생히 살아남아 있다. 그의 논리학이 발표될 당시에는 수학자들로부터 큰 주목을 받지는 못했으나, 20세기 초반 이후에 그의 명성은 아주 높아졌고 괴델을 포함한 수많은 젊은 수학자가 그의 새로운 논리학을 연구하는 데 빠져들었다.

그의 논리 체계를 이 책에서 자세히 소개할 수는 없지만 그의업적을 현재의 시각에서 쉬운 말로 정리하자면 다음 두 가지를꼽을 수 있다. 첫째, 형식화된 기호를 사용하여 명제 또는 명제들사이를 연결하는 것을 표현하는 기호논리학을 창시한 것이다. 둘

** 이 추측은 푸앵카레추측Poincare conjecture을 증명한 그리고리 페렐만Grigori Perelman의 2003년 논문과도 밀접한 연관이 있다.

째, 수의 체계나 수학의 전반적인 체계의 구성을 '논리'의 세계에서 해결하려고 시도했다는 점이다. 다시 말하면 수학의 논리화, 궁극적으로는 논리학과 수학의 결합이 프레게로부터 시작되었다고 할 수 있다.

프레게의 논리기호는 술어논리predicate logic의 체계를 설립하는 과정에서 도입되었다. 술어논리는 아리스토텔레스 이후의 고전적 명제논리를 확장한 것으로, 한 명제를 쪼개서 대상(객체라고도 한다)과 술어로 나누어 그 관계를 기호로 나타낸다. 예컨대 "홍길동은 사람이다"라는 명제에 대하여, '홍길동'이라는 대상을 a로 나타내고, '사람이다'라는 술어를 H로 나타낸다면, 이 명제를 "Ha"로 간단히 나타낼 수 있다. 통상적으로 (수학에서 데카르트가 도입했던 기호 사용법과 유사하게) 특정한 대상(상수)을 나타낼 때는 알파벳 $a, b, c, \cdots$로 나타내고, 변할 수 있는 대상(변수)을 나타낼 때는 알파벳 $x, y, z, \cdots$로 나타낸다. 또한 '모든 x에 대해서'는 $\forall x$로 나타내고, '어떤 x에 대해서'는 $\exists x$로 나타낸다. 이때, $\forall$, $\exists$와 같은 것을 양화사quantifier 또는 한정기호라 한다. 그리고 $\forall$를 보편양화사 또는 전칭기호라 부르고, $\exists$를 존재양화사 또는 존재기호라 부른다.

주세페 페아노

프레게가 수리논리학의 아버지로 불리고 있지만 이탈리아의 천재 수학자 주세페 페아노1858~1932도 이 새로운 논리학의 발전에 크게 공헌했다. 페아노는 토리노대학교Università degli Studi di Torino에서 공부하여 1880년에 박사학위를 받았고, 1884년부터 줄곧 이 대학교에서 교수직에 있었다.

나는 대학생 때 위상수학 교과서에 나온 '페아노의 공간 채움 곡선space-filling curve'을 통해 그의 이름을 처음 듣게 되었는데, 그때는 페아노가 현대 수리논리학의 창시자 중 한 명인 유명한 수학자라는 사실을 알지 못했다. 공간 채움 곡선은 연속이면서 전사onto인 함수 $f:I \rightarrow I^2$로 페아노가 1890년에 찾아냈다. 여기서 I는 단위선분 [0, 1]을 뜻하고, I^2는 단위정사각형을 뜻한다.

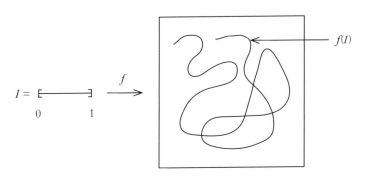

페아노의 공간 채움 곡선 그림

공간 채움 곡선은 연속적인 곡선을 그어 정사각형의 내부를 빈틈없이 꽉 채울 수 있다는 의미로, 당시에는 그런 곡선은 존재하지 않으리라는 추측이 우세했었다. 이 곡선이 존재한다는 사실은 직관적이지 않아서 언제 봐도 참 신기하다. 한편 힐베르트도 1891년에 이와 유사한 곡선을 찾았다고 한다. 칸토어는 전단사함수 $f: I \to I^2$가 존재한다는 놀라운 사실을 밝혀냈지만, 그가 찾은 이 함수가 연속함수는 아님이 나중에 밝혀졌다.

페아노는 1889년에 유명한 '자연수'에 대한 공리를 발표했다. 페아노공리계라 불리는 이 공리계는 후에 러셀·화이트헤드, 괴델 등 많은 논리학자의 연구 대상이 되었다. 이것은 데데킨트와 그라스만Herman Grassmann, 1809~1877의 '산술의 형식화'에 대한 발상을 확장하여 만든 산술 체계다. 또한 무리수와 실수의 정의를 내리고 새로운 집합론을 출현시킨 독일의 칸토어에게서 영향을 받았을 것으로 추측된다.

페아노의 자연수 체계는 5개의 공리를 만족하는 집합으로 정의된다. 페아노공리계에서는 '수number의 다음 수successor'라는 개념이 핵심인데, 그 이후에 개선된 현대적 수의 체계에서는 '다음 수'라는 개념 대신 '연산'과 '1'이라는 개념이 핵심이 된다.

러셀과 화이트헤드가 공동으로 저술한 명저 『수학원리』에 페아노공리계에서 '1+1=2'가 성립한다는 사실을 수십 쪽에 걸쳐 증명해놓은 것은 아주 유명한 이야기다. 그런데 이 이야기는 대중에게 다소 잘못 전달된 측면이 있다. 여기서 2라는 수는 지금 우리가 아는 1+1이라는 수가 아니라 '1의 다음 수'를 의미한 수다. 즉, 그들이 증명한 것은 페아노공리계에서 1+1이 '1의 다음 수'와 같다는 사실이다.

페아노공리계에서는 임의의 자연수에 대해 그 수의 다음 수인 자연수가 존재한다고 정의한다. 반면 20세기 중반 이후의 논리학은 실수 집합에는 덧셈과 곱셈이라는 연산이 존재하며, 1이라는 실수는 '곱셈의 항등원'인 것으로 정의한다(즉, 1은 임의의 실수 x에 대하여 $x \times 1 = x$인 유일한 실수다). 그리고 자연수 집합에는 페아노의 체계에서 쓴 '자연수 n의 다음 수도 자연수'라는 개념 대신, '자연수 n에 1을 더한 수인 $n+1$도 자연수'라는 개념을 쓴다. 이렇게 현재 자연수의 정의를 쓴다면 2는 1+1로 정의되는 수이므로 1+1=2라는 등식은 증명할 필요가 없다.

혹시 좀 더 정확한 정의를 알기를 원하는 분을 위해 현재 주로 사용하는 자연수의 정의를 소개한다.

> 정의1 실수 집합 $\mathbb{R}$의 부분집합 A가 다음 두 조건을 만족할 때, 그것을 귀납적 집합이라고 부른다.
>
> (i) $1 \in A$
>
> (ii) $n \in A$이면 $n+1 \in A$이다.

정의2 자연수 집합 $\mathbb{N}$은 가장 작은 귀납적 집합이다. 즉, $\mathbb{N}$은 모든 귀납적 집합들의 교집합이다(다른 말로 하자면, 만일 어떤 집합 A가 귀납적이라면, $\mathbb{N}$은 A의 부분집합이다).

현재 수학계에서 주로 사용하는 자연수의 정의는 페아노의 정의와 그 내용이 아주 비슷하다. 다만 '실수'를 정의할 때 덧셈과 곱셈이라는 '연산'의 개념을 도입한 후, 이 실수 집합의 부분집합으로서 자연수 집합을 정의하면 페아노의 정의를 쓸 때보다 우리가 아는 기존의 산술적 사실들을 좀 더 간단하게 증명할 수 있다.

러셀은 1900년에 파리에서 열린 제2회 세계수학자대회International Congress of Mathematicians, ICM에서 페아노를 만났는데, 그 만남이 자기 연구 인생의 전환점이 되었다고 후에 서술한다. 또한 페아노의 기호들은 바로 자신이 여러 해 동안 찾던 논리적 해석학의 도구라고 서술한다. 참고로 현재 우리가 사용하는 합집합($\cup$), 교집합($\cap$) 기호는 페아노가 처음 사용한 기호다.

페아노는 1892년에 『수학 서식집Formulario Mathematico』을 출간하고 그 이후 모든 수학을 이 형식에 맞추어 표현할 수 있다고 고집하며 그의 과목을 듣는 학생들을 괴로움에 빠트린다. 또 한편 20세기 초에 그는 논리에 사용할 국제적 인공언어인 '라티노 시네 플렉시오네Latino sine flexione'를 만드는 데 노력을 기울였지만 다른 학자들로부터 큰 주목을 받지는 못했다.

버트런드 러셀

현대적 수리논리학을 형성하는 데 또 한 명의 주인공인 버트
런드 러셀은 나와는 특별한 개인적인 인연이 있다. 러셀은 소설
가 헤르만 헤세1877~1962와 더불어 (가족을 제외하고) 내 인생에 가
장 큰 영향을 미친 사람이다. 나는 고등학교 1학년 때 러셀의 책
『행복의 정복The Conquest of Happiness』을 통해 그를 만났다. 당시에
원서로 된 이 책을 여러 번 읽었고, 나중에는 그 내용을 거의 외
우다시피 했다. 나는 러셀의 책 내용에서 영감을 얻어 내 평생
의 좌우명을 하나 만들었다. 그 좌우명은 바로 "이 세상 모든 사
람과 사물에 대해 호의적인 관심을 갖자"이다. 물론 이를 그대로
실천에 옮기기가 쉽지는 않지만 그 말을 좌우명으로 삼음으로써
세상을 보는 나의 시각은 좀 더 긍정적으로 변했고, 내가 만나는
사람들도 다 좋아 보이게 되었다.

러셀은 수학자이자 무어George E. Moore, 1873~1958, 비트겐슈타인
등과 함께 현대적 분석철학을 창시한 철학자이며 프레게와 더불
어 후에 '논리주의'라고 불리는 새로운 수학철학을 이끈 논리학
자이다. 그는 20세기에 전 세계에서 가장 유명한 지식인으로서

러셀은 현대논리학, 분석철학의 창시자로 20세기 최고의 지성인으로 꼽힌다.

다양한 학술 활동을 했고, 열성적으로 정치적·사회적 활동도 했다. 일생 반전 운동가로서 활동했으며, 제국주의와 전체주의를 반대했다. 제1차 세계대전 때는 반전운동 때문에 대학에서 쫓겨나고(1916년), 그 얼마 후에는 6개월간 교도소에 수감되었다(1918년). 말년에는 아인슈타인과 공동으로 핵무장 반대운동을 펼쳤고, 미국의 베트남 침략전쟁 반대운동을 열렬히 벌였다.

그의 이런 활동은 전 세계인의 이목을 끌었고, 1960년대 말경에는 미국의 젊은이들에게 사상적으로 큰 영향을 미쳤다. 그러한 이력 때문에 그가 받은 노벨상(1950년)을 노벨평화상으로 잘못 아는 사람이 많지만 실은 그는 다양한 저술 활동에 대한 공로를 인정받아 노벨문학상을 수상했다(노벨상에는 수학상이 없다).

최근에 벌어진 러시아의 우크라이나 침공을 바라보면서 유럽인과 세계 각국의 대다수 사람은 "러시아가 미친 짓을 하는구나. 지금이 21세기인데 저런 전쟁을 벌이다니"라는 느낌을 받는다. 하지만 100년 전에는 달랐다. 당시에는 지금과는 정반대로 전쟁을 반대하는 주장을 펼치는 것은 어처구니없는 짓으로 간주했다. 당시 대다수 영국인은 러셀을 이해하지 못하고 지극히 미워했다.

그는 평생 자신이 논리학자나 철학자로 불리기보다는 '작가'로 불리기를 원해서 실제로 자기 여권의 직업란에는 작가라고 썼다고 한다.* 그에 대한 참고 자료를 정리하다가 이 이야기를 알게 된 나는 전율했다. 40여 년 전에도 그렇게 큰 영향을 미쳤던 러셀이 현재 수학자에서 작가로 변신 중인 내게 특별한 메시지를 전달해주는 듯한 느낌을 받았다. 그는 나와 무슨 인연이란 말인가?

그는 자신이 평생 세 가지 열정을 품고 살았다고 회고한다. 첫째는 사랑, 둘째는 지식 탐구 그리고 셋째는 고통을 받는 사람들에게 느끼는 참을 수 없는 연민이다.

"이 세 가지 열정은 마치 세찬 바람처럼 변덕스럽게 나를

---

* Bertrand Russell, 『The Autobiography of Bertrand Russell』, 3 volumes, London: George Allen and Unwin; Boston: Little Brown and Company (Volumes 1 and 2), New York: Simon and Schuster (Volume 3), 1967, 1968, 1969. 이 책 중 1권에 나온 이야기다.

사방팔방으로 날렸다. 고통의 큰 바다 위에서 절망의 벼랑 끝에 이르게도 했다."

그는 끊임없이 사랑을 갈구했고 결혼도 네 번이나 했다. 연애와 결혼에 대한 그의 자유분방한 태도는 당시 사람들에게는 받아들이기 어려울 만큼 파격적이었다.

그는 어릴 때 부모를 여의고 형과 함께 조부모 밑에서 자랐다. 그의 할아버지는 영국 총리를 두 번이나 역임한 러셀 백작John Russell, 1st Earl Russel이다(후에 러셀 자신과 그의 아들이 백작직을 이어받게 된다). 할아버지도 얼마 후 타계하고 형제는 할머니 밑에서 자랐다. 그는 학교에 다니지 않고 집에서 할머니와 가정교사에게 교육받았는데, 그 때문에 사회성이 크게 부족했다고 한다. 자서전에 자신은 사춘기 때 자살을 꿈꿀 만큼 정신적으로 힘들었지만 "수학에 대해 좀 더 많이 알고 싶은 마음 때문에 자살하지 못했다"라고 썼다.

그는 케임브리지대학교 트리니티칼리지Trinity college에 입학하여 최고 등급의 성적으로 졸업한 후, 이 대학에서 근무한다. 케임브리지대학교와 옥스퍼드대학교는 한국이나 미국의 대학교와는 다르게 각각 수십 개의 독립적인 대학college의 연합체이고, 각 대학마다 역사와 학생들의 수준이 다르다.

트리니티칼리지는 케임브리지대학교에서 최고의 명문 대학이다. 이곳은 강력한 왕권을 확립했던 헨리 8세가 설립한 데다 역사상 가장 위대한 수학자(지금의 기준으로는 물리학자이기도 한) 뉴턴이 공부하고 근무한 곳이었기에 수학과 이론물리학에 특히 강하다는 전통을 갖고 있다.

트리니티칼리지는 네 명의 필즈상 수상자, 서른네 명의 노벨상 수상자를 배출했다. 이 대학은 또 유명한 수학자 하디Godfrey H. Hardy, 1877~1947와 그가 인도에서 초청한 역사상 가장 뛰어난 천재 중 한 명인 라마누잔Srinivasa Ramanujan, 1877~1920이 활동한 곳이다. 19세기 최고의 물리학자 맥스웰1831~1879이 공부하고, 20세기 최고의 수학자 중 한 명으로 꼽히는 아티야 경Sir Michael Atiyah, 1929~2019이 졸업하고 근무한 곳이기도 하다. 또한 최근에 영국 왕위에 오른 찰스 3세도 이 대학의 졸업생이다.

러셀은 1903년경부터 트리니티칼리지에서 앨프리드 화이트헤드1861~1947와 함께 『수학원리』를 저술하기 시작하여 1911년부터 1913년까지 매년 한 권씩 세 권의 책을 출간한다. 이 책은 아주 유명했지만 그 내용이 방대하고 어려워서 제대로 읽은 사람은 거의 없었다고 한다(물론 지금도 거의 없다). 러셀은 이 책과 그 이전에 자신이 쓴 『수학원리』(1903년) 덕분에 유럽에서 가장 유명한 수리논리학자가 되었다.

화이트헤드는 이 책을 쓰던 중인 1911년에 런던대학교로 옮기고 1924년에 퇴임했다. 그 후 미국 하버드대학교에 초청받아 가서 그곳 교수로서 여생을 산다. 화이트헤드는 논리와 과학철학을 넘어서는 과정철학 또는 과정 형이상학이라고 불리는 새로운 철학을 주창했다. 화이트헤드의 저서 『과정과 실재Process and Reality』는 이해하기 어려운 철학서로 유명하다. 현재 우리나라에도 한국 화이트헤드학회가 있어서 화이트헤드의 철학과 연관된 주제로 활발히 학술 활동을 하고 있다.

화이트헤드는 무척이나 유명한 철학자지만, 위상수학자인 나에게는 그보다는 그의 조카인 헨리 화이트헤드John Henry Constantine Whitehead, 1904~1960(보통 J. H. C. Whitehead라고 쓴다)가 실은 더 친숙하다. 왜냐하면 (위상수학에서 핵심 분야인) 호모토피homotopy 이론에서 그의 이름을 딴 정리와 화이트헤드 곱 등은 아주 중요하고 유명하기 때문이다.

원래 화이트헤드가家는 독실한 기독교 집안으로 헨리의 할아버지이자 앨프리드의 아버지는 사립학교 교장이면서 고위직 성직자였다. 헨리는 그의 아버지(앨프리드의 동생)가 인도의 마드라스(지금의 첸나이) 지역의 주교(그곳에서 가장 높은 성직자)일 때 그곳에서 태어났다. 하지만 헨리는 아기 때 외할머니가 사는 옥스퍼드로 건너와서 그곳에서 부모와 떨어진 채 자랐다. 헨리의 집안은 특이하게도 종교적인 환경인데도 사람들의 수학적 재능이 아주 뛰어났다. 헨리의 어머니는 옥스퍼드에서 수학을 공부했는데, 대학을 다닐 수 있게 허가받은 소수의 초기 여학생 중 한 명

러셀의 제자인 비트겐슈타인은 천재성과 특이한 삶으로 인해
당대에 세계에서 가장 유명한 철학자가 되었다.

이었다.

러셀은 자신의 제자 루트비히 비트겐슈타인1889~1951과 함께 20
세기 논리적 실증주의 철학과 분석철학을 일구었고, 이 철학은
지금까지도 이어져 오고 있다. 비트겐슈타인은 천재성과 특이한
삶으로 인해 20세기 중반 무렵에는 전 세계에서 대중에게 가장
잘 알려진 철학자가 되었다.

비트겐슈타인은 오스트리아 최고 갑부의 막내아들로 태어났
고, 세 명의 형과 세 명의 누나가 있었다. 학문과 음악, 미술 등을
장려하고 지원하는 분위기의 집안에서 자랐으며, 그의 형들은 모
두 재능이 뛰어났다. 하지만 세 형은 모두 이런저런 사연으로 자
살로 생을 마감했고, 비트겐슈타인 자신도 종종 깊은 우울증에

빠지곤 했다.

비트겐슈타인은 원래는 항공공학을 공부하려고 영국에 갔다가 수리논리학에 관심을 두게 되어 프레게의 추천을 받아 들고 1911년에 트리니티칼리지로 러셀을 찾아간다. 비트겐슈타인을 만나본 러셀은 그를 좋게 평가하여 그곳에서 공부할 수 있게 해준다. 비트겐슈타인은 자주 심리가 불안정해지고 토론에서도 종종 공격적인 태도를 보였지만, 러셀은 그의 천재성을 인정하며 그를 격려해주고 영국의 학계에도 소개해줬다.

비트겐슈타인은 제1차 세계대전에 군인으로 참전했다가 1918년에 포로가 되었다. 그때 러셀은 이탈리아에 있는 포로수용소에 갇힌 비트겐슈타인이 공부할 수 있게 책을 넣어주기도 하고, 그의 원고를 받아 영어로 번역하여 출간할 수 있게 도와주기도 한다. 이 책이 바로 『논고』로 불리는 유명한 책 『논리 철학 논고 Tractatus Logico-Philosophicus』(영어판 1922년, 독일어판 1921년)다.

20세기 초의 가장 유명하고 중요한 논리학자이자 철학자인 러셀과 하이트헤드의 이야기와 비트겐슈타인의 소설 같은 삶에 관한 이야기는 무척이나 흥미롭지만 여기서는 이 정도로 마치겠다.

수리논리학의 발전

19세기 말에 논리학은 앞서 소개한 프레게, 페아노, 칸토어 등에 의해 완전히 새롭게 태어난다. 프레게의 술어논리학(또는 기호논리학), 페아노의 수 체계 그리고 칸토어의 집합론은 논리학에 혁명적 발전을 가져왔다. 이 시기 이후의 논리학은 현대논리학이라고 부를 수 있다.

새로운 논리학의 네 가지 특징

새로운 논리학의 출현은 19세기 말, 20세기 초에 유럽 전체를 떠들썩하게 했다. 수학에서도 철학에서도 논리학 지상주의의 풍조가 만연해졌다. 당시의 새로운 논리학에는 다음과 같은 네 가지 특징이 있다.

첫째, 논리의 기호화다. 그래서 현대논리학을 기호논리학이라고도 부른다. 프레게가 시작한 술어논리에서는 주어와 술어를 분리해 그것들을 기호로 나타내고 이를 조합하여 명제를 만든다. 기호는 복잡한 명제를 비교적 명확하고 간단하게 나타내는 데 큰 도움을 준다.

둘째, 집합론이다. 칸토어가 창안한 집합론은 유클리드가 공리적 논증 수학이라는 그리스의 수학을 연 이후 2000여 년 만에 일어난 혁신이었다. 칸토어의 집합론은 지금까지 논리학의 한가운데 자리를 차지하고 있다. 집합을 통해 수數 등 수학적 대상들을 정의하고, 함수를 통해 두 집합 간의 원소 개수를 비교하는 것은 획기적인 발상이다. 하지만 러셀의 패러독스, 칸토어의 패러독스 등 패러독스를 통해 결함이 발견되었다. 그래도 현대의 수학자 대다수는 칸토어의 집합론을 바탕으로 수학을 연구한다고 보면 된다.

셋째, 무한이다. 칸토어가 집합론을 통해 무한의 세계를 논리학 안으로 끌어들였다. 그 이전까지 2000년간 수학자들은 무한이라는 대상을 그릇에 담아 그것에 대해 논한다는 것은 신의 영역을 침범하는 불경스러운 행위로 느껴 감히 무한을 수학적 대상으로 다루려 하지 않았다. 신의 존재나 영향과 상관없이 수학과 철학을 연구한다는 근대 철학을 일군 데카르트에게조차 무한은 경외의 대상이었다.

EBS 다큐멘터리 〈사이언스〉, 넷플릭스 등을 통해 무한이라는 세계의 발견에 관해 설명하는 다큐멘터리를 본 적이 있다. 오랫동안 수학의 세계에서 살아온 나에게는 당연해 보이는 사실들이 일반인에게는 신비롭고 이상하게 보일 수도 있겠다는 걸 그런 다큐멘터리를 통해 알게 되었다.

넷째, 논리학의 수학화·전문화이다. 논리학이 복잡해지고 기술적technical으로 되면서 논리학의 전문적인 연구는 수학자의 몫이 되어버렸다. 물론 수학자에게는 건전한 수학의 기초를 세워야 한다는 당위성과 절박함이 있었다. 원래 수학이라는 학문의 가장 큰 특징은 '완벽한 해를 추구한다'라는 것이기 때문이다. 20세기 초 이후에 논리학은 수학의 부분집합이 되어버렸다고 할 수 있다. 철학, 언어학, 문학 등에서 논리가 필요하기는 하지만 새로운 논리학의 핵심 부분을 연구하는 것은 수학자가 해야 할 일이 되고 말았다. 수학 내에서는 논리학이 수학기초론과 거의 동일한 말이 되었다. 그리고 논리학은 집합론보다는 더 큰 분야지만 이 둘이 비슷한 의미를 나타내기도 한다.

이 시기에 현대논리학이 크게 발전했던 것은 수학, 철학에서만 일어난 우연한 일이 아니다. 이때는 오랜만에 유럽 전체에 평화가 유지되던 기간이기도 하고 학문, 예술, 기술이 크게 발전하던 시기다. 대체로 프로이센·프랑스전쟁(1870~1871년) 이후부터 제1차 세계대전(1914~1918년) 이전까지 시기가 영국은 빅토리아 시대(1831~1903년) 후반과 에드워드 시대에 해당하고 독일은 빌헬름 시대에 해당한다. 하지만 대부분 유럽 국가에서는 이 시절을 부를 때 폭넓게 벨에포크라고 한다.

당시 유럽은 제2차 산업혁명의 풍요를 누리고 있었고, 독일이 통일하면서 급격하게 성장하여 영국과 프랑스를 제치고 유럽의 최강자로 부상한다. 유럽의 강국들은 철강 기술의 발달, 활발한 교역, 식민지 경영 등으로 경제적으로 빠르게 성장하는 한편으로 군국주의의 물결에 휩쓸리고 있었다.

경제 발전에 힘입어 새로운 무기들을 개발한 군대는 그 이전과는 전혀 다른 무기 체제를 갖추게 되었다. 웅장한 철갑 전함들이 만들어지고, 기차나 자동차 등으로 군대의 이동이 용이해지고, 말 대신 철갑 차가 전쟁터에 나서게 되고, 대포는 전보다 훨씬 정교하고 강력해졌다. 군인에게는 방아쇠만 잡아당기면 발사되는 자동소총이 배급되었다. 한편 유럽에는 이런 새로운 무기를 사용해 전쟁에서 승리하면 자국에 부와 영광을 가져다줄 수 있으리라고 믿는 군주, 정치인, 군인이 많이 있었다.

세상은 빨리 발전하고 사람들의 의식수준은 날로 높아져 가는데 아직도 구시대적인 사고방식을 벗어나지 못한 자들이 유럽을 쓸데없는 군사 경쟁으로 몰고 갔다. 이들은 결국 전쟁에서 승리해봤자 별다른 실익이 없을 것이 뻔한데도 단순히 자기 나라가 더 강하고 위대하다는 것을 보여주고자 제1차 세계대전을 벌이고 만다. 평화롭고 풍요롭던 벨에포크 시대는 수없이 많은 사람이 죽어간 참혹하기 짝이 없는 전쟁으로 인해 막을 내린다.

칸토어, 무한에 대해 말하다

게오르크 칸토어1845~1918는 러시아 상트페테르부르크에서 덴마크 출신의 성공한 상인인 아버지와 러시아인 어머니 사이에서 태어났다. 칸토어의 부모는 문화와 예술을 중시하는 교양인이었고, 칸토어 자신은 바이올리니스트이기도 하다. 그는 열한 살 때 아버지의 건강상 이유로 러시아보다는 날씨가 조금 더 좋은 독일로 이주한다. 그래서 책이나 유튜브 등에서 칸토어를 러시아인이라고 하는 것을 종종 볼 수 있는데, 정작 칸토어는 독일어만 사용하고 러시아어로 된 글을 남긴 적이 없었다고 한다.

요즘 유럽은 여러 국가가 '유로Euro'라고 하는 경제공동체로 뭉쳐서 그 이전보다 국가 간의 경계선이 많이 흐려졌는데, 실은 유럽에서는 지난 수백 년간 원래 국가 간 사람의 이동이 많았다. 프랑스 사람인 데카르트는 네덜란드와 스웨덴에 가서 살았고 스위스 사람인 오일러는 러시아와 독일에서, 이탈리아 사람인 라그랑주는 독일과 프랑스에서, 오스트리아 사람인 비트겐슈타인은 영국과 노르웨이에서 살았다.

칸토어는 취리히연방공과대학교에 입학했다가 이듬해 베를린대학교로 옮겨 당대 최고의 수학자인 바이어슈트라스, 쿠머, 크로네커 등에게 수학을 배운다. 졸업 후 1869년부터 할레대학교에 임용되어 결국 이곳에서 줄곧 근무하게 된다. 이 대학교의 정식 이름은 할레·비텐베르크 마르틴루터대학교Martin-Luther-Universität Halle-Wittenberg지만 이 대학교가 베를린 남서쪽에 있는 조그만 도시 할레Halle에 위치하기에 보통은 그냥 할레대학교라고 부른다.

칸토어는 할레대학교에 임용된 이후 줄곧 베를린대학교와 같은 명문 대학으로 자리를 옮기기를 원했지만, 그의 소원은 이루어지지 않았다. 그래서 그가 학술 교류 활동을 활발하게 했는데도 후세 사람 중에는 그가 독일 수학계의 비주류에 속했던 것으로 오해하는 이가 많다. 그에게 그런 이미지가 따라다니는 것은 아마도 그가 연구한 새로운 무한집합에 대한 이론이 당대 최고의 수학자 몇 명의 반대에 부딪혔고, 그가 말년에 심한 정신병을 앓았던 일이 작용했기 때문일 것이다.

데데킨트는 칸토어의 학문적 동지이다. 그는 실수의 정의에 크게 공헌했다.

그는 1872년에 할레대학교의 특임교수(전임교수의 아래 등급)로 선정된다. 같은 해에 스위스에 휴가차 갔다가 역시 그곳에서 휴가를 보내러 온 데데킨트를 우연히 만나게 된 이후로 이 둘은 학문적 동지가 된다. 이 해에 칸토어는 무리수를 유리수의 극한을 통해 정의하고, 데데킨트도 유명한 '데데킨트절단Dedekin's cut'을 통해 무리수를 정의한다.

무한에 대해서는 제4부에서 좀 더 자세히 설명하겠지만 여기서 간단하게나마 설명하자면, 우선 무한에는 작은countable 무한과 큰uncountable 무한이 있다. 우리말로는 작은 무한집합을 '가산집합', 큰 무한집합을 '비가산집합'이라고 부른다. 칸토어의 집합론에 따르면 자연수의 집합은 가산집합이고 실수 집합은 비가산집합이다.

우리는 중학교 3학년 때 실수에는 유리수와 무리수가 있다는 것을 배운다. 그런데 실수는 다른 한편으로 대수적 수algebraic number와 초월수transcendental number로 나뉘기도 한다. 대수적 수란 '정수 계수 다항식의 근이 되는 수'이다. 예를 들어 $\sqrt{2}$는 무리수지만 대수적 수이기도 하다. 왜냐하면 $\sqrt{2}$는 다항식 $x^2-2=0$의 근이 되는 수이기 때문이다(참고로 모든 유리수는 당연히 대수적 수다. 유리수 $\frac{q}{p}$는 1차 다항식 $px-q=0$의 근이 되기 때문이다).

칸토어는 1873~1874년에 많은 수학적 업적을 이룬다. 우선 유리수 집합이 가산집합임을 보인다. 이 말은 자연수와 유리수의 개수가 (비록 무한이지만) 같다는 뜻이다. 그는 두 집합의 원소 개수가 같다는 것을 '일대일대응'을 써서 정의한다. 여기서 일대일대응이란 요즘 고등학생이 배우는 일대일대응함수(또는 전단사함수)와 같은 것이다.

칸토어는 이 시기에 대수적 수의 집합도 가산집합임을 보이고, 실수 집합은 비가산집합임을 보인다. 이 말은 초월수의 집합도 비가산집합이라는 뜻이고, 다시 말해 초월수가 대수적 수보다 훨씬 더 많다는 뜻이다. 왜냐하면 원래 가산집합 2개의 합집합도 가산집합*인데, '(대수적 수 집합)∪(초월수 집합)=(실수 집합)'

---

* 이 부분도 제4부에서 설명하겠다.

이다. 그러므로 만일 초월수 집합이 가산집합이라면 실수 집합은 비가산집합이 될 수 없기 때문이다(독자들에게 이 부분이 잘 이해가 안 된다면 제4부에 자세한 내용이 있으니 참조해주기를 바란다).

칸토어에게 1874년은 개인적으로 매우 중요한 해다. 그는 그 해에 결혼했고, 스위스로 간 신혼여행에서 학문적 동지인 데데킨트와 무한의 개념을 다루는 새로운 수학에 대해 깊은 대화를 나눈다. 한편 이 해는 수리논리학의 역사에서도 매우 중요한 해다. 그해가 바로 칸토어의 집합론이 세상에 나온 해로 인정되기 때문이다.

그의 새로운 무한집합에 대한 이론은 크로네커의 강력한 반대에 부딪힌다. 크로네커는 1856년경부터 은퇴할 때까지 줄곧 베를린대학교에서 활동했는데 당시는 베를린대학교에 위대한 수학자 쿠머, 바이어슈트라스, 보르하르트Carl Borchardt, 1817~1880 등이 있어 이 대학이 수학의 전성기를 맞이하고 있던 시기이다.**

크로네커는 고등학교 때 은사인 쿠머의 추천으로 1861년에 베를린 프로이센왕립과학아카데미Königlich-Preußische Akademie der Wissenschaften에 회원으로 선출되었고, 그 덕분에 베를린대학교에서 강의할 권리를 얻게 된 것과 더불어 수학계에서 영향력을 키

** 후에 수학의 메카로 불린 괴팅겐대학교에는 가우스를 이은 디리클레, 리만 등이 있었지만 그래도 아직 베를린대학교에 견줄 정도는 아니었다. 괴팅겐대학교의 전성기는 19세기 후반부터 나치가 정권을 잡은 1933년까지다.

크로네커는 한때 독일에서 가장 영향력 있는 수학자였고,
칸토어의 무한집합에 대한 이론을 반대하였다.

워갈 수 있었다. 집합론이 세상에 나오던 시절에 크로네커는 독
일에서 (아마도 유럽 전체에서) 가장 영향력이 큰 수학자였다. 크
로네커는 칸토어, 데데킨트, 하이네Heinrich Eduard Heine, 1821~1881 등
이 제시한 실수의 정의와 무한집합에 대한 이론을 부정하고자
애썼다. 다음은 크로네커가 한 유명한 말이다.

"신은 정수만을 만들었다. 나머지 수는 모두 인간이 만든
것이다."

크로네커는 무한이라는 개념 자체가 수학에서 있어서는 안 되
며 수학은 유한한 수와 유한적인 방법만을 다루어야 한다고 생

각했다. 사실 수백 년 전부터 여러 수학자가 무한을 생각했지만 무한의 세계에서는 '비상식적'인 현상이 많이 일어나므로 그것을 논리와 수학의 범주에서 다루지는 말아야 한다는 불문율 같은 것이 있었다(물론 앞서 언급한 대로 혹시 신의 영역을 넘보는 불경을 저지를까 봐 꺼리는 마음도 있었을 것이다). 그리스 시대 이래로 수학자들은 수학은 상식적이고 정상적이어야 한다고 생각해왔기 때문이다.

여기서는 간단히 무한의 세계에서 일어나는 여러 이상한 현상 중에서 한 가지만 예로 들어보겠다. 일단 다음과 같은 기호를 쓰자.

N=자연수의 집합

E=양의 짝수의 집합

O=양의 홀수의 집합

여기서 짝수 집합 E와 홀수 집합 O의 원소 개수가 같은 것은 당연해 보인다. 하지만 칸토어의 집합론에 따르면 집합 N은 두 집합 E와 O의 합집합($N=E\cup O$)인데도 E와 O가 각각 N과 크기(원소 개수)가 같다. 도대체 무한히 원소가 많이 있는 집합들끼리 '원소 개수'를 비교하는 것도 비상식적인 일이고 당연히 짝수가 전체 자연수의 반밖에 안 될 텐데 자연수와 개수가 같다고? 하지만 다음과 같은 일대일대응의 법칙에 따라 자연수 개수와 짝수 개수가 같다는 것을 알 수 있다.

N과 E 사이에 다음과 같은 일대일대응함수를 간단히 정의할 수 있다.

$f : N \rightarrow E, k \mapsto 2k$

$1 \mapsto 2$

$2 \mapsto 4$

$3 \mapsto 6$

$\vdots$

즉, 모든 자연수에 2를 곱해 짝수를 만드는 것이다. 이렇게 두 집합의 원소들이 일대일대응이 되므로 두 집합의 원소 개수는 같다.

사실 이 예는 무한에 대해서 들어본 적이 있는 학생들은 이미 다 아는 유명한 이야기다. 이것은 그리스 시대 이후 대부분 수학자에게는 아주 쉬운 그리고 잘 알려진 이야기지만, 오히려 그래서 그들은 무한은 다루지 말아야 한다고 느꼈다.

크로네커는 초월수의 존재를 인정하지 않았다. 심지어는 무리수조차도 수학에서 다루면 안 된다고 주장했다. 왜냐하면 무리수는 '유리수가 아닌 수'로 정의될 뿐 무리수가 이러이러한 성질을 갖는 수라는 식으로 구체적으로 구성construct하여 정의된 것은 아니기 때문이라며 말이다. 이러한 크로네커의 '구성주의'는 후에 제기된 푸앵카레Henry Poincaré, 브라우어르 등 직관주의자들의 주장과도 일치한다.

이미 1844년에 프랑스의 리우빌Joseph Liouville, 1809~1882이 초월수의 존재를 증명했고, 1851년에는 리우빌수數라 불리는 초월수를 찾았다. 1873년에는 프랑스의 에르미트Charles Hermite, 1822~1901가 자연상수 e가 초월수임을 보였고, 1882년에는 독일의 린데만이 원주율 π가 초월수임을 멋진 방법으로 증명했다.*

그런데도 크로네커는 시대에 역행하는 주장을 펼치고 있었다. 크로네커는 1883년경부터는 베를린대학교에서 쿠머의 지위하고 쿠머와 바이어슈트라스의 세미나 주관자 자리를 이어받으며 독일에서 가장 영향력 있는 수학자가 되었는데, 이것은 당시 칸토어에게는 큰 불행이었다.

크로네커의 극렬한 반대에도 불구하고 19세기 말경에는 집합론이 여러 수학자에게 인정받기 시작했다. 특히 칸토어가 참석했던 1897년 취리히에서 열린 제1회 세계수학자대회에서는 몇몇 주요 수학자가 그의 업적을 칭송한다. 결국 칸토어는 이순신 장군, 크로네커는 원균에 비유할 수 있겠다. 집합론의 등장은 논리

---

* 힐베르트는 1893년경 e와 π가 초월수임을 또 다른 방법으로 증명했다. $e+\pi$나 $e\pi$가 (초월수일 확률은 높아 보이지만) 초월수인지 아닌지는 현대 수학자들도 아직 모른다. 독자들 가운데 누군가가 이것을 증명한다면 아마도 필즈상을 받을 수 있을 것이다.

의 역사에서 아주 빛나는 장면 중 하나다.

1897년에 칸토어가 스스로 발견한 패러독스와 그 후에 러셀이 발견한 패러독스 때문에 집합론은 한때 위기를 맞이하지만, 이런 논란은 오히려 20세기에 집합론과 논리학을 더 풍성한 학문 분야로 만들어주는 효과를 유도했다고 볼 수도 있다. 하여간 이 집합론은 지금은 전 세계 모든 대학의 수학 전공자가 처음 수학에 입문할 때 배우는 필수과목이다.

논리주의, 형식주의, 직관주의

20세기 초에 논리학에 있었던 3개의 사조에 얽힌 이야기는 유명하다. 독자들에게는 논리학보다는 수학의 기초라는 표현이 더 친숙하게 다가올 것 같다. 당시 수학자들은 좋은 수학의 기초를 건설하는 데 뜨거운 관심을 보이고 있었다. 이때 3개의 사조란 전통적인 수학철학인 논리주의logicism 외에 힐베르트가 주창하여 시작된 형식주의formalism와 브라우어르 등이 주장한 직관주의intuitionism다.

그리스의 플라톤과 아리스토텔레스가 집대성한 존재론과 인식론은 그 이후 2000년간이나 서구 사상의 핵심적 주춧돌 역할을 해왔다. 그들의 수학철학을 잠시 비교해보자. 플라톤은 수학적 지식은 경험적이 아니라 선험적이며, 결국 이러한 지식은 우리와 독립적으로 실존하는 것이라고 주장했다. 플라톤은 세계에 항구적이고 체계적인 질서가 존재한다고 믿었고, 이를 이데아론이라고 한다. 반면 아리스토텔레스는 수학적 대상을 실존하는 것으로 보지 않고, 수학은 그 각각의 특징과 공통점을 사람들이 추출하여 추상화하는 방식으로 보편적 개념을 만들어 나가는 것으로 생각했다. 아리스토텔레스의 사상은 후세에 유럽의 경험주의와 논리주의의 근원이 되었다.

이 둘의 공통점은 오류 없이 완벽한 진리를 추구하는 것으로, 그리스 철학자들에게서 이어져 내려온 수학의 기본 철학으로 자리매김했다. 진리가 현실의 감각세계와 분리된 별도의 세계에 존재한다는 플라톤의 이데아적 진리관이든 현실과 경험적 진리를 중시하는 아리스토텔레스적 진리관이든 상관없이 수학에서는 완벽한 논리를 추구해온 것이다. 이러한 전통은 데카르트, 라이프니츠를 거쳐 칸토어와 프레게에 이르기까지 굳건히 지켜져 왔다. 러셀과 화이트헤드도 이러한 전통에 입각하여 『수학원리』를 쓴 것이다.

당시 논리주의자들은 수학적 진실은 결국 논리적 진실이라고 믿었다. 수학에서 논리의 절대적 중요성을 강조했는데, 이것은 바로 프레게의 견해다. 논리주의자들에게는 수학은 논리학의 일부일 뿐이다. 논리주의는 객관적 진리가 어딘가에 독립적으로 존재한다는 것을 가정하기에 플라톤적이라 할 수 있다.

한편 칸토어, 프레게, 페아노의 새로운 논리학이 등장했지만 칸토어의 집합론에는 몇 개의 결정적인 패러독스가 존재하므로 그 체계가 완전하지 않았다. 이에 고무된 힐베르트는 원대한 포부를 품게 된다. 힐베르트는 자기 계획을 형식주의라고 불렀다. 힐베르트는 수학을 '완전무결한 공리계 위에서 건설된 기호들의 형식적 체계로 이루어진 과학'으로 만들고자 했다.

여기서 잠시 힐베르트가 근무한 괴팅겐대학교에 관해 이야기해보자. 괴팅겐대학교는 역사상 가장 위대한 수학자 가우스가 평생 이 대학에서 근무했기 때문에 그의 사후에 수학, 물리학 분야로는 유럽 전체에서 가장 유명한 대학이 되었다. 괴팅겐대학교가 그렇게 된 데는 안쪽 면과 바깥쪽 면이 연결되어 구별되지 않는 클라인병Klein bottle으로 유명한 클라인의 공이 컸다.

클라인은 젊어서부터 독일 수학을 이끌어갈 재목으로 주목받았는데, 1886년부터 1913년까지 괴팅겐대학교에서 근무하면서 뛰어난 강의 실력과 행정 능력을 발휘하며 이곳을 키운다. 멋진 신사의 외모를 갖춘 클라인은 학계의 인맥과 지위를 이용하여 괴팅겐대학교의 재정을 개선하고, 여러 개의 건물을 짓는 데 이바지한다.

힐베르트를 괴팅겐으로 초빙한 사람도 클라인이다. 이 두 사람은 나이 차이가 많이 나지는 않지만, 힐베르트는 학문적으로 클

클라인은 괴팅겐대학교를 유럽 수학의 중심지로 키웠다.

라인의 손자다. 힐베르트가 쾨니히스베르크대학교Albertus-Universität
Königsberg에서 박사학위를 받을 때 지도교수가 π의 초월성 증명으
로 유명한 린데만이었는데, 린데만의 지도교수가 바로 클라인이
었다.

　현재 세계수학자대회는 세계에서 규모가 가장 크고 유서 깊은
수학 학술 대회로 4년에 한 번씩 열린다. 얼마 전에 우리나라의
허준이 교수가 필즈상을 받았는데, 이 상의 시상이 이 대회의 하
이라이트다.

　1900년에 제2회 세계수학자대회가 파리에서 열렸다. 괴팅겐
에서 근무하던 당대 최고의 수학자 힐베르트는 이 대회의 기조
연설에서 23개의 문제를 제시한다. 이것이 그 유명한 '힐베르트

문제'이다. 이 문제들은 20세기에 수학이 나아갈 방향을 제시했다는 의의가 있다. 실제로 20세기의 수학자들은 이 문제들을 풀고자 노력했다.

힐베르트의 첫 번째 문제는 집합론 문제인데, 이 문제를 '연속체 가설continuum hypothesis'이라고 부른다. 이 문제의 최초 형태는 칸토어가 1878년경에 제시한 질문으로 "무한집합은 두 가지 형태밖에 없는가?"라는 것이다. 이때 두 가지 형태란 자연수 집합과 (원소 개수가) 같은 가산집합(작은 무한집합) 그리고 실수 집합과 같은 비가산집합(큰 무한집합)을 말한다. 참고로 무한집합의 원소 개수를 카디널수cardinal number, cardinality라 한다.

이후 칸토어는 "실수 집합보다 카디널수가 더 큰 집합이 무수히 많고 카디널수의 최댓값은 존재하지 않는다"라는 것을 발견하고, 이 사실을 1897년에 힐베르트에게 편지로 알린다. 이것은 어떤 무한집합에 대해서도 그보다 카디널수가 더 큰 무한집합이 존재한다는 뜻이다. 제4부에서 소개할 유명한 칸토어 정리를 통해 이것을 간단히 보일 수 있다. 이것을 칸토어의 패러독스라고 부르는데, 패러독스라 불리는 이유는 '모든 집합의 집합'은 카디널수가 가장 큰 집합이어야 하는데 칸토어 정리에 따르면 그보다 카니널수가 더 큰 집합이 있다는 것이니 모순이기 때문이다.

그 이후 연속체 가설은 "자연수 집합보다 카디널수가 더 크고 실수 집합보다는 카디널수가 더 작은 집합은 없다"라는 가설로 바뀐다. 이것을 증명하는 것이 힐베르트의 첫 번째 문제다. 이 문제가 제시된 후, 수많은 수학자가 이 문제를 연구했다.

이 문제는 괴델, 코언Paul Cohen, 1934~2004 등이 체르멜로Ernst Zermelo· 프렝켈Adolf Abraham Fraenkel 집합론(일명 ZF 집합론) 내에서는 (선택공리와 무관하게) 증명될 수도 반증될 수도 없다는 것을 증명했다. 괴델은 1938년에 연속체 가설이 '참'이라고 가정해도 ZFC 공리계*와 모순이 없음을 증명했고, 코언은 1963년에 연속체 가설이 '거짓'이라고 가정해도 ZFC 공리계와 모순이 없음을 증명했다. 결론적으로 연속체 가설은 참이든 거짓이든 상관없다는 뜻이다.

코언은 이 공로로 1966년 필즈상을 받았다. 지금까지 수리논리학 분야에서 필즈상을 받은 사람은 코언이 유일하다.

힐베르트문제 중 두 번째 문제는 다음과 같다.

문제 2. 산술의 공리들이 무모순임을 증명하라.

이 문제는 구체성이 다소 부족한 질문이지만, 힐베르트 자신뿐만 아니라 당대의 수많은 수학자가 이 문제를 풀려고 노력한다. 즉, 완벽한 공리계를 찾고자 노력한 것이다. 그러니까 20세

---

* ZFC 공리계는 다음 장에서 설명할 것이다.

기 초 수많은 수학자가 칸토어의 집합론에 있는 결함을 메우려고 노력하는 한편으로 위대한 수학자 힐베르트가 제시한 두 번째 문제, 즉 모순이 없는 산술의 공리계를 찾으려고 노력했다.

힐베르트의 형식주의는 절대적인 완벽함을 추구하는 것으로 마치 종교에서 절대 진리를 찾는 것과 같은 장엄함이 있다. 힐베르트는 1930년에 했던 강의에서도 산술의 형식 체계에는 무모순적 일관성이 있으며, 모든 참 명제는 그 체계 안에서 증명할 수 있는 완전성이 있을 것으로 예상했다(하지만 불과 1년 후에 괴델이 그의 예상을 무너뜨리고 말았다).

힐베르트의 가설을 구체적으로 다시 설명하자면, 다음 세 가지가 모두 성립하는 공리적 산술 체계가 존재할 것으로 예상하는 것이다.

1. **완전성**completeness: 모든 명제에 대해 그것이 참인지 아닌지를 증명할 수 있어야 한다.
2. **일관성**consistency: 무모순성free of contradiction 이라고도 한다. 즉, 어떤 명제 A가 증명된다면 동시에 A가 아님은 증명되지 않아야 한다.
3. **결정 가능성**decidability: 어떤 명제든 그것이 공리를 따르는지 아닌지를 결정할 수 있는 알고리즘이 존재해야 한다.

후에 나온 괴델의 정리를 '불완전성정리'라고 부르는 이유는 이 정리가 어떠한 산술 체계에서도 '완전성'이 성립할 수 없다, 즉 참인지 아니지를 증명할 수 없는 명제가 존재한다는 내용을 담고 있기 때문이다.

힐베르트의 형식주의가 추구하는 바를 살펴보면 첫째는 완벽한 산술 체계를 구성하는 '공리'들을 찾는 것이고, 둘째는 이 체계 위에서 이 세상 모든 수학 문제를 서술하고 해결할 수 있는 '형식'을 찾는 것이다. 힐베르트는 "우리는 알아야 한다. 우리는 알 것이다We must know. We will know"라는 유명한 말을 했고, 이 말은 그의 비석에 새겨져 있다.

20세기 초의 대다수 수학자는 칸토어의 집합론을 받아들였고, 또 한편으로 힐베르트가 제시한 형식주의의 방향에 동의하며 이 문제를 해결하려고 노력했지만, 이러한 흐름에 반감을 품은 사람들도 있었다. 우선 자타가 공인하는 당대 최고의 수학자인 프랑스의 푸앵카레1854~1912도 칸토어의 무한집합론에 동의하지 않았다. 푸앵카레는 무한은 실제로 존재하는 것은 아니라고 생각했고, 칸토어의 집합론에 있는 몇 개의 결함은 매우 심각한 것이라고 주장했다. 푸앵카레의 수학철학은 무척 복잡하고 현학적이지만 한마디로 표현한다면 그는 칸토어뿐만 아니라 프레게, 페아노, 러셀, 체르멜로, 힐베르트 등 당대의 주류 수리논리학자들이 주장한 견해를 모두 반대했다.

자타가 공인하는 당대 최고의 수학자인 프랑스의 푸앵카레는
무한집합론에 동의하지 않았다.

직관주의는 수학적 지식의 원천은 근본적으로 직관이며, 수학
적 개념과 이론은 직관적으로 자명하게 받아들여질 수 있는 것
이어야 한다고 주장한다. 네덜란드의 수학자 에흐베르튀스 브라
우어르1881~1966가 이 직관주의를 대표하는 인물이다. 푸앵카레도
직관주의자로 분류된다.

브라우어르는 암스테르담대학교의 수학 교수였는데, 그의 이
름을 딴 브라우어르 고정점 정리Brouwer fixed-point theorem는 위상수
학에서 아주 유명하다. 브라우어르의 직관주의는 그의 제자 헤이
팅Arend Heyting, 1898~1980이 좀 더 체계적으로 다듬었다. 그들의 주
장은 여러 가지가 있지만 여기서는 핵심 내용 세 가지만 소개하
고자 한다.

첫째, 무한집합론을 부정한다. 이것은 푸앵카레의 견해와 일치하는 것으로 무한집합론을 인간의 직관을 벗어난 공허한 논리의 산물로 보는 것이다.

둘째, 논리학에서 오랫동안 자명하게 받아들여져 온 기본 법칙인 배중률을 부정한다. 직관주의자들은 경우에 따라서는 배중률이 성립하지 않을 수도 있으니 그것을 무조건 따라서는 안 된다고 주장한다.

셋째, 수학에서는 실제로 구성construct할 수 있는 것만 존재하는 것으로 인정해야 하고, 존재가 보장되는 것만 논리적 대상으로 삼아야 한다고 주장한다. 이 주장은 배중률을 부정하는 것과도 연관이 있다. 예를 들어 무리수를 '유리수가 아닌 수'로 정의하거나 초월수를 '대수적 수가 아닌 수'로 정의하는 것은 받아들일 수 없다는 것이다. 이것은 앞서 언급한 크로네커와 같은 입장으로 이렇게 실제로 구성할 수 있는 것만 다루어야 한다는 구성주의constructivism를 옹호하는 논리학자가 당시에는 꽤 있었다.

대다수 수학자들은 직관주의 수학철학을 별로 탐탁지 않게 여겼지만, 이런 관점을 호의적인 시각으로 바라보는 일반인은 당시에도 많았고 지금도 많다. 엄격한 논리주의보다는 직관주의가 좀 더 인간적이고 친근하게 느껴져서 그런 것이 아닌가 싶다.

하지만 직관주의를 받아들이는 것은 수학자들에게는 재앙에 가깝다. 배중률을 거부하면 귀류법을 쓰지 못하게 되고, 구성주의를 따른다면 많은 수학적 개념을 정의하거나 설명하기가 힘들어지기 때문이다. 브라우어르 자신도 직관주의에 빠져들면서 자기가 젊었을 때 위상수학에서 찾아낸 멋진 이론들을 직관주의 입장에서 다시 증명하려고 하느라 고생했지만 결국 대부분 뜻을 이루지 못했다고 한다.

당대에 쌍벽을 이룬 위대한 수학자 푸앵카레와 힐베르트는 정반대의 시각으로 수학기초론을 바라보고 있었다. 이 두 사람은 프랑스인과 독일인의 기질 차이만큼이나 수학자로서의 기질도 달랐다.

푸앵카레는 주변의 수학자들을 주눅 들게 할 정도로 빛나는 수학적 재능을 자랑하고, 수학의 모든 분야와 물리학에 대해 탁월한 전문 지식을 갖추고 있어서 그를 수학에서의 마지막 만능인universalist라고 부르기도 한다. 또한 그는 20세기 수학의 꽃이라 불리는 위상수학의 창시자이기도 하다.

반면 힐베르트는 빛나는 재능의 소유자는 아니지만(그의 절친한 친구 민코프스키가 재능에서는 그를 앞설지도 모른다), 꾸준히 노력하고 깊이 생각함으로써 남들이 풀지 못하던 문제를 결국은 풀어내는 능력과 수학 전반에 대한 뛰어난 통찰력을 갖고 있었다.

괴델의 불완전성정리와 형식주의의 붕괴

잘 구성한 공리 위에서 기호와 규칙으로만 수학을 수행하면 되는 완벽한 논리 체계를 구축하고자 하던 힐베르트의 계획은 완전해 보였다. 이 목표는 당장은 아니더라도 언젠가는 달성되리라고 힐베르트 자신뿐만 아니라 당대의 많은 수학자가 믿고 있었다. 하지만 힐베르트가 꿈꾸던 형식주의 수학의 건설은 오스트리아의 젊은 수학자 쿠르트 괴델이 1931년에 불완전성정리를 발표함으로써 무너지고 만다.

괴델의 불완전성정리는 두 가지 정리로 이루어져 있다.

> 제1정리. 어떤 산술 공리계라도 그것이 일관적(무모순)
> 이라면, 그 공리계에는 참이면서도 증명할 수 없는
> 명제가 있다. 즉, 완전하지 않다.
> 제2정리. 어떤 산술 공리계라도 그것이 일관적(무모순)
> 이라면, 그 공리계로부터 그 공리계 자신이
> 일관적임을 도출할 수 없다.

'완전성'과 '일관성'의 의미는 앞에서 힐베르트의 형식주의에 관해 이야기할 때 설명한 바 있다. 괴델의 불완전성정리를 증명한 내용을 일반 대중이 이해하기는 쉽지 않다. 독자들은 그냥 '완벽한 산술의 체계는 존재하지 않는다'라는 정도로만 이해해도 괜찮다.

괴델의 불완전성정리 때문에 수학에서 논리 체계의 완전성이 무너졌지만 그렇다고 해서 논리가 덜 중요해진 것은 아니다. 이 정리는 오히려 논리의 신비로움에 대해 세상의 관심이 집중되는 효과를 불러왔다.

이 정리는 당시 대중들에게 어떤 느낌을 주었을까? 보통 사람들은 "맞아, 세상은 그렇게 단순하고 기계적이지 않아. 세상은 오묘하고 신비한 것이야"라고 느끼거나 종교를 믿는 사람들은 "하나님이 만든 이 세상이 얼마나 광대하고 오묘한 것인데, 당연히 인간이 그것을 파악하기는 어렵지"라고 생각할 수도 있다.

이 정리가 세상에 알려질 즈음에는 이미 하이젠베르크1901~1976의 불확정성원리로 세상이 떠들썩했다. 1927년 이 원리가 발표되던 솔베이학회에서 보어Niels Bohr, 1885~1962와 아인슈타인이 벌였던 논쟁은 무척이나 유명하다. 양자역학이 이제는 주류로 자리 잡고 있지만 당시에는 이 새로운 물리학에 대한 회의와 논쟁이 난무했다.

수학과 물리학에서 일어난 이러한 학문적 혁명은 전 세계에 "확실하고 절대적인 진실은 없고, 불확실하고 상대적인 진실만 존재한다"라는 메시지를 전달했다. 이러한 사상적 혁명은 이후 철학, 언어학, 경제학 등 다른 학문 분야에도 영향을 미쳤다.

하이젠베르크의 불확정성원리가 발표된 제5회 솔베이학회(브뤼셀, 1927년)에 참가한 당대 최고의 물리학자들이다. 앞줄에 아인슈타인과 마리 퀴리(왼쪽 세 번째)가 보인다. 보어는 두 번째 줄 가장 오른쪽이다.

괴델의 불완전성정리에 관해 이야기를 좀 더 해보자. 이 정리의 증명에는 다음과 같은 두 가지 핵심 아이디어가 있다.

첫째, 모든 수학적 명제를 숫자(자연수)화한다. 즉, 각 명제에 자연수 하나를 대응시킨다. 이때 대응된 숫자는 명제 하나를 의미한다(숫자만 보고 명제를 알 수 있게 한다). 이 수를 괴델수Gödel number라 한다.

둘째, 다소 복잡한 치환을 통한 회귀적인 방법과 괴델수를 이용하여* 다음과 같은 특별한 명제 G를 찾는다.

　　　명제 G: "G는 증명할 수 없다."

그러면 러셀의 패러독스와 유사한 형태의 모순이 발생하게 된다. 명제 G 자체가 G는 증명할 수 없다고 말하는 반면, 만일 G를 증명할 수 있다면 그것은 G를 증명할 수 없다는 것이 증명된 것이다. 따라서 G는 증명할 수도, 반증할 수도 없게 된다. 만일 이 공리계가 무모순consistent이라면 명제 G는 참인데도 이 명제의 증명이 존재할 수 없게 되므로 이 체계는 불완전incomplete하다. 이것이 제1정리를 증명하는 데 핵심 구상이고, 이것을 이용하면 제2정리는 비교적 쉽게 증명된다.

참고로 괴델의 정리에서 말하는 수학적 명제란 실은 페아노공리계에서의 공식formula을 의미한다. 괴델수를 정의할 때는 자연수에 대한 소인수분해정리unique factorization theorem를 이용하여 다음과 같이 괴델수를 만든다. 먼저 각각의 단어(수, 기호, 개념 등)에 고유의 수를 지정한다. 예를 들어 어떤 명제 G가 4개의 단어 a, b, c, d로 나타내어진다면 그것에 대응되는 괴델수 g는 $g=2^a 3^b 5^c 7^d$로 정의한다.

예를 들어, 0, 1, =, + 와 같은 기호에 대하여 자연수를

$$0 \rightarrow 6, \ 1 \rightarrow 3, \ = \ \rightarrow 5, \ + \ \rightarrow 2$$

---

* 이 과정이 괴델이 발표한 논문의 핵심적 내용이다. 이 내용은 다소 길고 어려워 여기에서 자세히 설명하는 것은 적절하지 않아 보인다. 괴델의 오리지널 증명을 좀 더 쉽게 개선하는 증명이 계속 나오고 있지만 핵심적인 아이디어는 모두 같다.

와 같이 대응시킨다 하자. 그러면 등식

$$1 + 0 = 1$$

에 대하여

$$1 + 0 = 1$$
$$\downarrow \downarrow \downarrow \downarrow \downarrow$$
$$3 \ 2 \ 6 \ 5 \ 3$$

와 같이 대응시키므로 이 등식에 대응되는 괴델수는

$$2^3 \times 3^2 \times 5^6 \times 7^5 \times 11^3$$

이 된다.

조금 더 복잡한 공식에 대한 괴델수는 어마어마하게 큰 자연수가 되지만 너무 크다고 부담스러워할 필요는 없다. 하여간 각 공식에 대하여 고유의 자연수 하나씩이 대응된다.

"명제 G는 증명할 수 없다"와 같이 한 명제가 그 문장 안에 또 다른 명제를 포함할 때, 그 명제를 '메타수학적 명제metamathematical statement'라고 한다. 이것들을 '대상언어'와 '메타언어'로 구별하기도 한다. 이미 예리한 독자들은 눈치챘겠지만 괴델의 불완전성정리에서 주된 내용은 러셀의 패러독스나 거짓말쟁이 패러독스(에피메니데스 패러독스)와 유사한 형태고, 이런 종류의 '말썽'은 모두 자기 자신을 언급하는 상황으로부터 발생한다. 즉, 어떤 특정한 형태의 메타언어로부터 문제가 발생하는 것이다.

알프레트 타르스키는 이와 같은 말썽이 발생하지 않도록 하는 해법을 다음과 같이 제시했다. 우선 수학적 문장(명제)에 대해 차원을 정의한다. 차원은 귀납적 방법으로 정의하는데 우선 (문장의 요소인) 어떤 대상을 나타내는 기호, 단어, 개념 등은 0차원이라고 한다. 그리고 모든 문장은 어떤 특정 차원이 있고, n차원의 문장은 $n-1$차원의 문장을 포함하는 (메타수학적) 문장이다.

자, 이제 모든 수학적 문장(명제)은 하나의 고유한 차원이 있다고 가정하자. 그러면 한 명제가 자기 자신을 언급하는 자기 언급self-reference은 허용되지 않는다. 왜냐하면 어떤 n차원 문장이 (n차원인) 자기 자신을 언급하려면 $n+1$차원 이상이어야 하는데, 이것은 원래 그 문장이 n차원이라는 것에 모순되기 때문이다.

메타수학metamathematics은 수학적인 방법으로 수학 자체를 연구하는 학문 분야로 넓게는 수학기초론 전체를, 좁게는 형식주의 수학기초론을 의미한다. 즉, '수학과 논리학의 다양한 기초론 문제를 연구하려는 엄밀한 수학적 방법론'이라 할 수 있다. 여기서 '메타'라는 말은 그리스어에서 유래한 접두사로 '~뒤에' 또는 '~

위에'라는 뜻이 있다. 메타수학이라는 용어는 아마도 아리스토텔레스의 책 제목이기도 한 형이상학metaphysics*이라는 단어에서 착안하여 만들어졌을 것이다. 이 메타수학이라는 용어와 개념은 힐베르트가 처음 만든 것이지만 이 학문 분야는 프레게에게서 시작되었다고 할 수 있다.

참고로 우리가 사용하는 대부분 학문 용어가 그렇듯이 '형이상학形而上學'이란 용어도 19세기에 일본인이 한자로 만든 번역어다. 이 용어의 어원은 주역에 나오는 말이다. 한편 메타수학이라는 용어가 탄생한 이후에 '메타'라는 접두사는 다양한 용어에서 등장하는데 메타언어metalanguage, 메타인지metacognition, 메타버스metaverse, 메타데이터metadata 등이 그 예다.

만일 힐베르트의 희망대로 세상에 정말 완벽한 논리 체계가 존재한다면 어떻게 될까? 그런 완벽한 공리계가 존재하고, 그 공리계에서 출발하여 논리를 전개해 나갈 확실한 방법론이 존재한다면 인류는 언젠가 그 체계를 찾아낼 것이고, 그 다음부터는 수학적 진리를 '기계적'으로 탐구하면 된다. 수학은 우주의 섭리, 자연의 섭리, 신의 섭리(이것들은 모두 같은 말이다)를 탐구하는 방법론이자 언어이므로 만일 그러한 체계를 발견하고 운용할 수

---

* 『형이상학Metaphysica』이라는 책 제목은 아리스토텔레스의 책(당시의 책은 모두 파피루스로 만들어졌고 두루마리 형태였다)을 정리한 로도스의 안드로니코스Andronicus(BC 40?~BC 20?)가 붙인 것이다.

있게 된다면 우주의 섭리를 기계적으로, 다시 말해 컴퓨터나 인공지능을 통해 탐구할 수 있게 될 것이다. 하지만 불행인지 다행인지 불완전성정리에 따르면 그런 체계는 존재하지 않는다.

새로운 논리학의 등장에 세간의 이목이 집중되고 세상의 모든 학문에서 논리학의 중요성이 커지던 시절에 논리학에 입각한 철학 연구의 중심지 역할을 하는 곳이 하나 있었다. 그것을 빈학파 Wiener Kreis(1924~1936년)라고 부르고 그들이 추구하는 바를 논리실증주의logical positivism라고 한다. 괴델이 바로 이 학파에서 활동한 인물이다.

빈학파의 기본적인 목표는 철학(과 사회과학)을 현대논리학의 도움을 받아 과학적으로 재건설하는 것이었다. 이것은 비트겐슈타인이 연구한 분석철학의 목표와도 맞닿아 있으며, 실제로 빈 출신인 비트겐슈타인은 이 학파 사람들과 밀접하게 교류했다.

빈학파는 빈대학교 교수인 모리츠 슐리크Moritz Schlick, 1882~1936가 만든 것으로 공식적으로는 에른스트마흐협회Vereins Ernst Mach라는 이름으로 활동했다. 그들은 빈뿐만 아니라 유럽의 주요 도시에서 학회를 개최하기도 했는데, 우연인지 필연인지 당대의 유명한 수학자나 철학자 중 상당수가 이 학회와 관련이 있었다. 이 학회를 주도하는 인물 중에는 괴델의 지도교수이자 유명한 수학자인 한스 한Hans Hahn, 1879~1934, 오토 노이라트Otto Neurath, 1882~1945, 루돌프 카르나프Rudolf Carnap, 1891~1970 등이 있었다. 또한 20세기 최고의 논리학자 타르스키와 최고의 과학철학자 카를 포퍼1902~1994 그리고 조합론combinatorics에서 램지이론으로 유명한 영국의 프랭크 램지Frank Ramsey, 1903~1930도 이 학회와 연관이 있다. 빈학파는 나치의 등장으로 말미암아 협회 회원들이 외국으로 흩어지며 와해해 가던 때인 1936년에 이 협회의 지도자 슐리크가 과거의 제자에게 권총으로 암살되면서 막을 내리게 된다.

이 학파 사람들이 논리와 과학을 바라보는 관점을 간단히 말하자면, 그들은 인간의 경험을 넘어선 형이상학적 명제보다는 항상 검증할 수 있는 경험적 사실 위주로 논리와 과학이 전개되어야 한다고 생각했다. 이것은 17세기 프랜시스 베이컨이 등장한 이후 발달한 귀납주의적 과학철학과 연결된다. 하지만 이러한 과학철학은 소위 '러셀의 칠면조'*라는 이름의 우화가 시사하는 바와 같이 단칭명제(개별적 경험이나 관찰)들을 모아 얻은 전칭명제(일반적인 법칙)가 항상 옳은가 하는 문제에 봉착한다. 이에 카를 포퍼는 1934년 저서 『과학적 발견의 논리The Logic of Scientific Discovery』를 통해 '반증주의'를 제시한다. 포퍼는 과학은 반증 disprove의 가능성이 있어야 한다고 생각했다. 여기서 반증 가능성이란 '경험적으로 반박될 가능성'을 의미한다. 포퍼는 예를 들어, 진화론이 완벽한 과학적 진리임을 입증하기는 어렵지만 반증되

---

* 어느 농장의 칠면조는 태어나서 하루도 빠짐없이 주인이 나타날 때마다 먹이를 주는 것을 보았지만, 어느 날(아마도 추수감사절) 주인은 먹이 대신 칼을 들고 나타난다는 우화이다.

지 않는 한 그것을 과학적 이론의 위치에 놓아야 한다고 생각했다. 또한 포퍼는 과학의 성장이란 과학적 가설들을 반증 가능성에 노출시킨 후 엄정한 검증 과정을 거치고 살아남은 것들을 채택하면서 이루어지는 점진적인 과정이라고 보았다.

세상에는 괴델 외에도 천재가 많고, 이런저런 방면에 재능 있는 이도 많다. 하지만 오랫동안 수학 영재들을 가르치면서 느낀 점은 남들보다 뛰어난 학문적 성취를 이루는 데 '천재성'은 그다지 중요하지 않다는 것이다. 뛰어난 수학적 천재성이 있는 학생이 경쟁에서 다른 학생들을 앞서가기는 하지만 그런 학생이 반드시 훌륭한 수학자가 되는 것은 아니다. 수학자에게 수학적 재능이 필요한 것은 사실이다. 하지만 그 재능은 (대략 수치로) 상위 1퍼센트 정도의 재능이면 충분하다. 그 정도의 재능이 있는 학생은 많다. 100만 명 중 1만 명이나 된다. 최고의 수학자가 되려면 그 정도로 재능 있는 수학도에게는 천재성보다는 성실함과 통찰력 같은 것이 더 필요하다. 물론 갈루아Évariste Galois나 라마누잔과 같은 역사상 최고의 천재들에게는 예외일 수 있지만 말이다.

II

현대의 논리학

20세기가 막 시작되던 때, 새로운 논리학을 향한 세간의 관심은 뜨거웠다. 힐베르트가 1900년에 제시한 23개의 문제 가운데 1, 2번 문제와 러셀의 패러독스(1903년)는 당시의 웬만한 지식인은 다 알 정도로 유명했다. 논리학은 수학에서 중요한 분야가 되었고, 심지어는 자신의 연구 분야를 논리학으로 바꾸는 수학자(예컨대, 체르멜로, 스콜렘Thoralf Albert Skolem 등)도 많았다.

플라톤이 등장한 이후 2000년이 넘는 세월 동안 대다수 최고 수준의 학자는 철학과 수학을 모두 공부하는, 그냥 '지식인'이었으나 학문이 발전과 분열을 거듭한 19세기를 지나며 점차 철학과 수학은 분리된다. 그러던 시절에 마침 새로운 논리학이 등장했고, 20세기 초반쯤에는 논리학은 기호와 복잡한 개념이 난무하는 어려운 학문이 되었다. 결국 논리학의 새로운 내용을 연구하는 일은 수학자의 전유물이 되어버렸고, 사람들은 이런 논리학을 수리논리학 또는 기호논리학이라고 부르며 전통논리학과 구별하게 된다.

수학자들은 이 새로운 논리학을 수학기초론이라고 부르는 것을 선호해서 수학 내에서는 수학기초론과 논리학이 같은 의미를 가진 말로 받아들여진다. 한동안은 집합론도 이들과 같은 의미로 인식되다가 논리학 내에서 증명론proof theory, 모델론model theory 등이 등장하고 컴퓨터과학이 발전하기 시작한 이후에는 계산이론theory of computation이 등장하면서 집합론은 논리학의 여러 분야 중 한 분야로 받아들여지게 되었다. 하지만 문맥과 상황에 따라서는 아직도 집합론이 현대논리학을 의미하는 용어로 쓰이기도 한다.

위대한 논리학자 타르스키

괴델에게는 아리스토텔레스 이후 가장 위대한 논리학자라는 칭송이 따라다닌다. 그만큼 괴델의 불완전성정리는 획기적이었고 그 이후의 현대논리학뿐만 아니라 과학, 철학, 경제학 등에 지대한 영향을 미쳤다. 하지만 괴델에 못지않은 업적을 남긴 논리학자가 한 명 더 있었으니 바로 알프레트 타르스키1901~1983다. 그에 대해서는 앞서 바나흐·타르스키 패러독스를 이야기할 때 소개했는데, 여기서는 그가 논리학에서 이룩한 업적에 대해 조금 더 이야기해보자.

그는 폴란드의 수도 바르샤바의 유대인 가정에서 태어났고, 1924년도에 바르샤바대학교에서 최연소 기록으로 박사학위를 받는다. 이 해에 바나흐·타르스키 패러독스를 발표한다. 그의 지도교수는 자연연역체계natural deduction system 이론의 중심에 있던 얀 루카시에비치Jan Lukasiewicz, 1878~1956다.

그는 1930년 즈음에는 이미 유럽에서 수학자로 제법 이름이 알려졌는데, 그 해에 빈대학교에 초청 강의를 하러 갔을 때 괴델을 만난다. 그 이후 1935년에 몇 달간 빈대학교에 초청되어 머물면서 빈학파 사람들과 교류한다.

그는 지도교수 루카시에비치의 조수로 근무했지만 월급이 너무 적어 고등학교에서 수학을 가르치며 살았는데, 그곳에서 부인 마리아를 만난다. 가톨릭으로 종교를 바꾸고 테이텔바움Teitelbaum 이라는 자신의 유대인식 이름도 타르스키라는 기독교식 이름으로 바꾸었지만(그 자신은 무신론자였다), 당시에 유대인이 겪는 사회적 차별을 극복하지는 못했다. 일례로 이미 그가 유럽 최고의 논리학자로 인정받던 1939년에 르부프대학교Uniwersytet Lwówski 교수직에 지원했지만 임용되지 못한다.

그는 애국심이 강한 사람이었다고 한다. 1939년에 하버드대학교의 초청으로 강의하러 갔을 때, 독일의 나치 군대가 폴란드를 침공한다. 그의 부모와 형 부부는 나치의 학살로 목숨을 잃었지만 본래부터 유대인이 아니고 가톨릭 신자이던 그의 부인과 두 명의 자식은 다행히 화를 면해서 1946년에 미국으로 건너와 그와 상봉하게 된다.

그가 1933년에 발표한 '정의불가능 정리Undefinability Theorem'는 수학기초론에서 또 다른 중요한 정리이자 제약을 가져오게 된 결과다. 그 정리는 간단히 말해서 "산술적 진리는 산술 내에서는 정의될 수 없다"라는 내용을 담고 있다. 즉, 어떤 형식 산술이 주어졌을 때 그 산술에서 참의 개념은 그 산술로 표현할 수 있는 방법으로는 나타낼 수 없다는 것이다.

20년 전쯤에 나는 우연히 타르스키가 1936년에 쓴 논리학 책 『연역 과학의 논리 및 방법론 입문Introduction to Logic and Methodology of Deductive Sciences』(1995, Dover Ed.)을 샀다. 이 책은 대중적으로 아주 유명한 책이지만 몇 쪽 읽다가 포기하고 책을 덮었고, 지금까지 내 연구실 책장에 예쁘게 꽂혀만 있었다. 최근에 생각나서 다시 펼쳐 보았지만 역시나 지루했다. 내 책을 읽는 독자들도 이렇게 지루하면 어떡하나 싶다. 하지만 논리학을 다루는 책이 어찌 지루하고 딱딱하지 않을 수 있겠는가? 그래도 인내심을 갖고 책을 읽어 나가는 분들이 있는 법. 그들에게는 논리학에 얽힌 유익한 지식이 잘 전해질 것이라 믿는다.

현대의 수리논리학(수학기초론)에는 집합론과 더불어 중요한 축을 차지하고 있는 모델론(모형이론이라고도 한다)이라는 분야가 있는데, 1930년대에 타르스키가 이 이론을 연구하기 시작했다. 모델론은 추상대수학이나 집합론 등의 모형을 이루는 구조를 연구하는 분야다.

모델론과 대비되는 분야가 증명론인데, 증명론과 모델론은 각각 논리적 언어로서 통사론syntactics과 의미론semantics에 해당한다고 할 수 있다. 모델론은 어떤 수학적 체계 안의 모든 논리적 문장을 이루는 구조를 연구하며, 보통 논리 체계에서 진위를 판단하는 의미론을 부여할 때 가장 일반적으로 쓰인다. 주로 대수학을 추상화하는 도구로 쓰였다.

모델론 연구자는 수학적 구조들을 통합적으로 이해하고자 한다. 그러니까 모델은 어떤 수학적 대상, 수학적 구조다. 즉, 군group, 체field, 그래프graph 등 현대 수학에서 사용하는 수학적 구조물이 모두 다 모델이다. 모델론에서는 이런 것들을 통합적으로 이해하려고 노력한다.

모델론의 발전에는 로버트 보트Robert L. Vaught, 1926~2002, 마이클 몰리Michael D. Morley, 1930~2020가 이바지했다. 현재 모델론 분야는 수

학기초론에서 중심적인 자리를 차지하고 있는데, 이 분야의 선두 주자는 사하론 셸라흐Saharon Shelah(1945년생)와 에후드 흐루쇼브스키Ehud Hrushovski(1959년생)로서 둘 다 이스라엘의 히브리대학교 교수다.

ZF 공리계와 선택공리

현재 집합론(수학기초론)에서 주로 채택하는 공리계axiomatic system는 체르멜로·프렝켈 공리계Zermelo-Fraenkel system이고, 약자로 ZF 공리계라고 부른다. 원래 체르멜로·프렝켈 공리계에는 선택공리가 포함되어 있었는데, 이 공리가 워낙 중요한 논란거리인 데다가 아주 독립적인 공리여서 보통은 선택공리를 포함한 공리계를 ZFC 공리계라 부르고, 포함하지 않는 공리계를 ZF 공리계라고 부른다.

먼저 ZF 공리계를 고안해낸 체르멜로1871~1953의 이야기부터 해보자. 베를린 출신의 체르멜로는 1894년에 베를린대학교에서 순수수학(해석학) 전공으로 박사학위를 받은 후, 유명한 물리학자 막스 플랑크 밑에서 유체동역학hydrodynamics 전공으로 일종의 교수 자격 논문을 작성하는 하빌리타치온Habilitation 과정을 밟는다. 그 후 괴팅겐대학교로 옮겨 1899년에 유체동역학 논문으로 하빌

체르멜로는 정렬순서정리를 발표하여 세상을 놀라게 하였다.
그는 ZF 공리계를 만들었다.

리타치온을 받는다.

당시 수학의 중심지 괴팅겐대학교에는 이미 새로운 집합론에 관한 연구가 대세였다. 그 대학에서 강사를 하던 체르멜로도 서서히 집합론의 세계로 빠져든다. 당시 최고의 대학에서, 다들 살아남고자 치열하게 경쟁하는 상황에서 전공 분야를 바꾸어가며 연구한 것만 보아도 그가 보통 천재가 아니라는 것을 알 수 있다.

체르멜로는 1904년에 세상을 깜짝 놀라게 하는 정리를 발표한다. 그 정리는 정렬순서well-ordering의 존재 여부를 묻는 칸토어의 질문에 대해 체르멜로가 해답을 준 것으로 내용은 다음과 같다.

모든 집합은 정렬순서를 갖는다.

Every set has a well-ordering / Every set can be well-ordered.

수학에서 '~을 갖는다'라는 표현은 '~이 존재한다'라는 말과 같다. 영어 문장을 직역하면서 생긴 표현이다. 체르멜로는 이 정리의 증명을 발표하며 갑자기 유럽 전체에서 유명한 수학자가 되었고, 이 업적 덕분에 그다음 해에는 괴팅겐대학교의 정식 교수에 임용된다.

그러면 이제 이 정리가 어떤 내용이고 왜 중요한지를 이야기해보자. 그리 복잡한 내용은 아니니 인내심을 갖고 읽어주기를 바란다.

정렬순서 정리가 유명해진 이유는 그 결과가 직관적으로 그럴 법하지 않은 데다 그 증명에 선택공리가 쓰이는 바람에 선택공리를 받아들여야 할지에 대한 논란이 크게 일어났기 때문이다. 당시에도 그 이후에도 이 정리의 증명에 대해 비판적인 시각으로 바라보는 수학자가 많았다. 결국 선택공리는 20세기 논리학(수학기초론)에서 가장 뜨거운 주제가 되어버렸다.

정렬순서 정리의 의미가 무엇인지 설명하기 전에 우선 선택공리가 무엇인지부터 알아보자. 선택공리란 (공집합이 아닌) 집합들의 모임이 있을 때, 각 집합에서 원소 하나씩을 선택해서 만든 집합이 존재한다는 것이다. 예를 들어 어느 고등학교의 1학년에 1,

2, 3반의 3개 반이 있을 때, 각 반에서 대표 한 명씩을 선택해서 만든 (세 명으로 이루어진) 집합이 있다는 말이다.

이것은 당연한 것 아닌가? 그렇다. 그래서 공리라고 부르는 것이다. 그런데 문제는 '무한'일 때 어떻게 되는가 하는 점이다. 즉, 집합이 무한히 많을 때는 각 집합에서 대표 원소 하나씩을 선택해 만든 집합이 무한집합일 텐데 그래도 문제가 없느냐는 것이다.

선택공리에 대해서는 잠시 뒤에 다시 이어서 이야기하기로 하고, 이제 정렬순서 정리에 관해 설명해보자. 두 가지 개념, '순서관계order relation'와 '정렬순서'의 의미를 알면 된다.

어떤 집합에 대해 그 집합에 속하는 임의의 두 원소의 크기를 비교할 수 있으면 그 집합은 "순서관계를 갖는다"라고 한다. 즉, 모든 원소를 크기순으로 나열할 수 있으면 된다.* 그런데 순서를 정하는 방법에는 여러 가지가 있을 수 있으므로, 순서를 정하는 방법을 정하는 것을 "순서관계를 준다"라고 표현한다.

실수 집합 $\mathbb{R}$은 원래 순서관계generic order relation를 갖는다고 정의한다. 필요하다면 또 다른 순서관계를 정의할 수 있겠지만 그렇게 하면 이 집합은 우리가 아는 집합과는 다른 집합이 된다. 집합 $\mathbb{R}$의 모든 부분집합은 당연한 순서관계를 갖는다. 어떤 순서관계를 갖는 집합을 '순서집합ordered set'이라고 부른다.

---

* '나열한다'라는 표현은 독자들의 이해를 도우려고 쓴 것이다. 실수 집합과 같은 큰 무한집합에 대해서는 나열한다는 표현을 쓸 수 없다.

이제 정렬순서에 대해 알아보자. 어떤 순서집합 X에 대하여, X의 모든 공집합이 아닌 부분집합nonempty subset이 가장 작은 원소the smallest element를 가지면, 이 집합의 순서관계를 정렬순서라고 부른다. 이때 '가진다'라는 표현은 '원소로 포함한다'라는 의미다. 이 정렬순서의 정의가 무슨 말인지 금방 이해되지는 않을 수 있는데, 다음의 예를 보면 이해할 수 있을 것이다.

우선 실수 집합 $\mathbb{R}$에서 본연의 순서관계는 정렬순서가 아니다. 왜냐하면 열린구간 $(0, 1)$은 가장 작은 원소를 갖지 않기 때문이다. 반면에 자연수 집합 $\mathbb{N}$에서 순서관계는 정렬순서이다(이때 영어로는 간단히 "$\mathbb{N}$ is well-ordered"라고 한다).

그럼 정수 집합 $\mathbb{Z}$는 어떠할까? 이 집합의 순서관계는 정렬순서가 아니다. 왜냐하면 예컨대 음의 정수 집합 $\{\cdots, -4, -3, -2, -1\}$과 같은 집합은 가장 작은 원소를 갖지 않기 때문이다.

이제 다시 체르멜로의 정렬순서 정리로 돌아가보자. 만일 이 정리가 맞는다면 실수 집합 $\mathbb{R}$도 어떤 정렬순서를 가져야 하는데, 그런 순서관계를 찾기도 어렵고 그런 정렬순서가 존재할 것 같지도 않다. 그래서 이 정리가 맞는다고 증명되자 수학자들이 그렇게 놀란 것이다.

20세기 초에는 수학자들이 암암리에 선택공리를 사용하고 있었다. 그런데 체르멜로가 정렬순서 정리의 증명을 발표한 이후 선택공리가 뜨거운 감자가 되었다. 사실은 나중에 밝혀지지만 선택공리는 (ZF 공리계 내에서) 체르멜로의 정렬순서 정리와 동치이다. 수십 년에 걸쳐 많은 수학자가 선택공리와 동치인 명제 수십 개를 발견한다. 그런 명제 중에는 초른의 보조정리Zorn's Lemma와 같이 수학의 여러 방면에 매우 유용한 정리도 있다.

체르멜로는 수학자들이 자신의 증명을 비판하는 것을 의식하여 새로운 '공리적 집합론'에 대해 연구하기 시작했고, 1908년에 7개의 공리로 이루어진 공리계를 발표한다. 이 7개의 공리 중에는 선택공리도 포함된다. 그는 이 공리계가 무모순임을 증명하지는 못했지만 많은 수학자들의 지지를 받았다. 특이하게도 그는 자신의 공리들을 서술할 때 가급적이면 기호는 사용하지 않고 말로 풀어서 서술하려고 노력했다.

체르멜로의 공리계는 1920년대에 프렝켈1891~1965과 노르웨이의 스콜렘1887~1963이 (독립적으로) 개선했고, 그래서 체르멜로·프렝켈 공리계가 만들어졌다.

체르멜로·프렝켈 공리계는 10개의 공리로 이루어져 있고, 그중에 선택공리가 포함된다. 그리고 앞서 언급한 바와 같이 10개의 공리 중에서 공리계에 선택공리를 포함하느냐 아니냐에 따라 ZFC 공리계, ZF 공리계로 불린다. 체르멜로·프렝켈 공리계는 러셀의 패러독스와 같은 패러독스의 영향을 받지 않는다.

스콜렘은 놀라운 능력과 업적을 남긴 수학자지만 변방의 약소국가인 노르웨이(1905년에 스웨덴으로부터 독립했다)에서 주로 활동해서 유럽의 주류 수학계에는 그의 업적이 잘 알려지지 않았다.

튜링머신과 계산 가능성

현대논리학의 발전에 이바지한 또 한 명의 천재가 있었으니 바로 영국의 앨런 튜링Alan Turing, 1912~1954이다. 우리나라 대중에게는 2015년에 나온 영화 〈이미테이션 게임The Imitation Game〉을 통해 잘 소개된 적이 있다. 그는 제2차 세계대전 중에 독일군의 암호 시스템인 이니그마Enigma를 자기가 발명한 기계를 이용해 해독한 것으로 유명하다.

튜링은 헝가리 출신의 또 다른 천재 수학자 요한 폰 노이만 Johann von Neumann, 1903~1957과 함께 컴퓨터의 아버지로 불린다. 그는 컴퓨터과학에 필요한 이론적 배경을 설립하는 데 공헌했고, 폰 노이만은 최초의 컴퓨터라고 할 수 있는 미국 육군의 에니악 ENIAC, Electronic Numerical Integrator and Computer의 개발에 공헌했다. 여담이지만 나는 수학사를 강의할 때 학생들에게 20세기 최고의 천재 수학자 세 명을 꼽는다면, 튜링과 폰 노이만 그리고 순수수학 분야에서 현대 수학의 새로운 지평을 연 알렉산더 그로텐디크 Alexander Grothendieck, 1928~2014를 꼽겠다고 말한다.

튜링   폰 노이만

천재 수학자 튜링과 폰 노이만은 컴퓨터뿐만 아니라 현대논리학의 발전에 크게 기여하였다.

튜링은 케임브리지대학교의 학생이던 1934년경에 막스 뉴먼 Max Newman, 1897~1984이 한 강의에서 괴델의 불완전성정리와 힐베르트의 결정 가능성 문제를 접하게 되면서 아직도 인기 분야이던 논리학의 연구에 뛰어든다. 여기서 결정 가능성이란 수학적 명제에 대해 그것이 참인지 거짓인지를 결정하는 알고리즘을 찾을 수 있는지를 묻는 질문이다.

그는 1936년에 그 유명한 '튜링머신 Turing Machine, TM'이라고 하는 '계산을 수행하는 추상적 기계'를 고안한다. 튜링머신은 어떤 입력 input한 내용의 계산을 테이프 tape(지금 컴퓨터 개념으로는 프로그램이라고 이해하면 된다) 위에 기호 조작을 통해 수행하는 기계의 이론적 모델이다. 튜링은 '계산 가능한 실수real number'를 튜링 머신을 통해 빈 테이프에 생산된 소수로 나타냈다. 이른바 계산 가능성 여부를 판정하는 논리 시스템이다. 이것을 구체적으로는 멈춤 문제halting problem라고 하는데, 어떤 프로그램과 입력에 대해 그 프로그램이 멈출지 아니면 계속 돌지를 판정하는 문제다. 이때 멈추면 '예yes'고, 그렇지 않고 계속 돌면 '아니오no'라는 뜻이다. 튜링은 멈춤 문제를 튜링머신에서는 결정할 수 없다는 것을 튜링머신을 통해 증명했다. 참고로 튜링의 계산 가능성 이론을 이용해 괴델의 불완전성정리를 증명할 수도 있는데, 이것 또한 멈춤 문제를 결정할 수 없다는 것을 보여주는 예이기도 하다.

그는 1936년에 미국 프린스턴대학교로 유학을 가서 알론조 처치Alonzo Church, 1903~1995 밑에서 박사학위를 받는다. 1939년부터 몇 년간은 잘 알려진 대로 영국의 암호해독 기관에서 일한다. 전쟁 후인 1950년경에는 논문 「계산 기계와 지능Computability Machinery and Intelligence」을 통해 유명한 '튜링 테스트'라는 개념을 소개한다. 그는 '기계가 생각할 수 있는가'라는 질문과 함께 이를 확인하는 방법론을 제시했다. 즉, 둘 사이의 텍스트 대화만을 보고 인간과 기계를 구별할 수 없다면 그 기계가 인간의 지능 수준에 이른 것으로 봐도 좋다는 것이다.

「처치·튜링 논문Church-Turing Thesis」도 유명하다. 이 논문의 주요 내용은 "자연수에서 정의된 함수를 '유효한 방법effective method'으로 계산할 수 있는 필요충분조건은 그것을 튜링머신으로 계산할 수 있다는 것이다"이다. 이때 유효한 방법이란 펜과 종이를 이용한 계산이라는 뜻인데, 이 정의는 엄밀한 수학적 정의는 아니니 직관적으로 받아들이면 된다.

그는 동성애 혐의로 영국 경찰에 체포되어 유죄판결을 받고 교도소에 가는 대신 호르몬 주사를 맞는 형을 받았는데, 그 후 영국 암호 당국의 감시와 검열에 시달렸다. 결국 독약을 넣은 사과를 먹고 자살했는데, 애플사社의 로고가 그가 먹은 사과를 상징한다는 설이 있지만 정설은 아니다.

튜링의 논리는 현재 컴퓨터과학의 근본이다. 컴퓨터 논리에서는 논리주의와 직관주의가 모두 살아 있다. 수리논리학에서는 형식주의의 흐름에 밀려 약화하던 직관주의가 컴퓨터 논리에서는 핵심이다. 왜냐하면 컴퓨터 논리는 '구성주의'에 기반을 두고 있고, 귀류법은 사용하지 않기 때문이다.

미국의 신新직관주의 논리학에서 주도적인 역할을 한 스티븐 클레이니Stephen Kleene, 1909~1994는 처치의 제자로 처치·튜링의 계산가능성 이론을 더욱 발전시킨 이 분야의 대가다. 클레이니는 회귀이론recursion theory을 통해 컴퓨터과학의 기초 설립에 공헌했다.

4부

수학 품은 논리학

12

원소들의 모임, 집합

논리에서 집합은 아주 유용한 개념이자 도구다. 또한 현대논리학의 흐름과 그 내용을 좀 더 잘 이해하려면 집합과 함수의 기본 개념에 대한 이해가 필요하다.

이 책에서는 독자들이 다소 부담스러워할 수학적인 내용을 뒤로 미뤄왔는데, 이제부터 본격적으로 소개해볼까 한다. 중요하면서도 너무 어렵지 않은 내용 위주로 이야기할 생각이다. 수학적인 정의와 개념이 계속 등장해서 조금 어렵게 느껴질 수도 있고 중간에 길을 잃을 수도 있겠지만 어차피 수학적 지식이란 쉽게 얻을 수는 없는 법이다. 무한의 개념과 수학적 논법에 대해 독자들에게 조금이나마 구체적으로 소개해주고 싶은 나의 욕망을 이해해주기 바란다.

집합이란 어떤 원소들의 모임이다. 어떤 대상이 주어진 집합의 원소인지 아닌지 분명히 판별할 수 있을 때만 그 모임을 집합이라고 한다. 그런데 한 집합의 원소가 너무 많으면 곤란하다. 원소가 너무 많은 집합은 러셀의 패러독스나 칸토어의 패러독스와 같은 문제가 생기게 된다. 예를 들어 '모든 집합의 집합'을 A라고 한다면 A는 자기 자신을 원소로 가진다는 이상한 성질을 갖게 될 뿐 아니라 'A의 모든 부분집합의 집합'은 A보다 더 큰 집합이 되어 A가 모든 집합의 집합이라는 정의에 모순된다.

그러면 한 집합에 대해 어느 정도 원소가 많은 것까지는 괜찮을까? 그것에 대한 분명한 기준은 없지만 수학자들은 모든 실수집합 $\mathbb{R}$ 정도까지는 별문제가 없다고 생각한다. $\mathbb{R}$보다 원소가 더 많은 집합은 혹시 어떤 문제가 있을지 몰라서 다루기를 꺼린다. 그리고 현실적으로 $\mathbb{R}$보다 원소가 더 많은 집합은 수학에서 다룰 필요가 없다. 이 부분은 다음 장에서 무한집합과 칸토어 정리에 관해 설명할 때 좀 더 자세히 다루겠다.

집합을 알려면 기호부터 알아야 한다

현대 수학은 기호의 사용이 핵심을 이루므로 우리가 집합에 대해 아주 기초적인 것이라도 이해하려면 어쩔 수 없이 먼저 기본적인 기호들에 익숙해져야 한다. 다음에 소개하는 기호들은 세계 어느 나라에서나 어떤 수준의 집합론에서나 모두 사용하는 표준적이고 기본적인 기호다. 우선 어떤 대상 "a가 집합 A의 원소"일 때 기호로는 $a \in A$로 나타낸다.

두 집합 A와 B에 대하여 "A가 B의 부분집합"이란 것은 다음과 같이 정의한다.

$$A \subset B \Leftrightarrow \text{모든 } a \in A \text{에 대하여 } a \in B \text{이다.}$$

$$\Leftrightarrow (a \in A \Rightarrow a \in B)$$

물론 이때 기호 '$\Leftrightarrow$'는 '동치'라는 뜻이다. 그리고 두 집합 A와 B에 대하여 "A와 B가 같다"라는 것은 "$A \subset B$이고 또한 $A \supset B$이다"라는 뜻이다. 따라서 만일 "두 집합 A와 B가 같음을 보이시오"라는 문제가 나온다면, "모든 $a \in A$에 대하여 $a \in B$이고, 모든 $a \in B$에 대하여 $a \in A$"임을 보이면 된다. 이것은 너무 당연해 보이지만 막상 학생들에게 두 집합이 같음을 보이라고 하면 뭘 어떻게 시작해야 할지 몰라한다.

이제 합집합과 교집합의 정의에 대해 알아보자.

> 두 집합 A와 B에 대하여, 이것들의 **합집합**은 다음과 같이
> 정의한다.
> $$A \cup B := \{x \mid x \in A \text{ 또는 } x \in B\}$$

즉, $x \in A \cup B \Leftrightarrow x \in A$ 또는 $x \in B$라는 뜻이다. 여기서 '또는'
이라는 단어의 의미가 국어에서는 다소 애매한 점이 있다. 이때
'또는'의 의미는 $x \in A$ 또는 $x \in B$ 또는 둘 다($x \in A$이고 $x \in B$)라
는 뜻이다.
다음으로 교집합의 차례다.

> 두 집합 A와 B에 대하여, 이것들의 **교집합**은 다음과 같이
> 정의한다.
> $$A \cap B := \{x \mid x \in A \text{이고 } x \in B\}$$

즉, $x \in A \cap B \Leftrightarrow x \in A$이고 $x \in B$라는 뜻이다. 여러 개의 집합
에 대해서도 합집합과 교집합을 취할 수 있다.

정의(합집합)
집합 $A_1, A_2, \cdots, A_n$에 대하여, 이것들의 합집합은 다음과 같이

정의한다.

$$A_1 \cup A_2 \cup \cdots \cup A_n := \{x \mid x \in A_i \text{ for some } i \in \{1, \cdots, n\}\}$$

즉, $x \in A_1 \cup A_2 \cup \cdots \cup A_n \Leftrightarrow x$는 적어도 한 A_i의 원소

$\Leftrightarrow$ 어떤 $i \in \{1, \cdots, n\}$에 대하여 $x \in A_i$

$\Leftrightarrow$ (영어로) $x \in A_i$ for some

$i \in \{1, \cdots, n\}$

라는 뜻이다.

정의 (교집합)

집합 $A_1, A_2, \cdots, A_n$에 대하여, 이것들의 교집합은 다음과 같이
정의한다.

$$A_1 \cap A_2 \cap \cdots \cap A_n := \{x \mid x \in A_i \text{ for every } i \in \{1, \cdots, n\}\}$$

즉, $x \in A_1 \cap A_2 \cap \cdots \cap A_n \Leftrightarrow x$는 모든 A_i의 원소

$\Leftrightarrow$ 모든 $i \in \{1, \cdots, n\}$에 대하여 $x \in A_i$

$\Leftrightarrow$ (영어로) $x \in A_i$ for every

$i \in \{1, \cdots, n\}$

라는 뜻이다.

이 합집합과 교집합을 다음과 같은 기호로 나타내면 간편하다.

$$A_1 \cup A_2 \cup \cdots \cup A_n = \bigcup_{i=1}^{n} A_i$$

$$A_1 \cap A_2 \cap \cdots \cap A_n = \bigcap_{i=1}^{n} A_i$$

좀 더 일반적으로는 다음과 같이 나타낼 수 있다.

$$\bigcup_{i=1}^{n} A_i = \bigcup_{i \in \{1, \cdots, n\}} A_i$$
$$\bigcap_{i=1}^{n} A_i = \bigcap_{i \in \{1, \cdots, n\}} A_i$$

이때 기호 $\bigcup_{i \in \{1, \cdots, n\}} A_i$에 나오는 집합 $\{1, \cdots, n\}$을 인덱스집합index set이라고 부른다. 이 인덱스집합을 이용해 아주 일반적인 합집합, 교집합도 나타낼 수 있다. 그 표시법은 다음과 같다.

$$\bigcup_{\alpha \in J} A_\alpha := \{x \mid x \in A_\alpha \text{ for some } \alpha \in J\}$$
$$\bigcap_{\alpha \in J} A_\alpha := \{x \mid x \in A_\alpha \text{ for every } \alpha \in J\}$$

이때 집합 J가 인덱스집합이다.

이제 집합의 곱에 대해 정의해보자. 두 집합 A와 B에 대하여, 그것의 카티션곱Cartesian product은 다음과 같이 정의한다.

$$A \times B := \{(a, b) \mid a \in A \text{이고 } b \in B\}$$

즉, 카티션곱 $A \times B$는 A의 원소와 B의 원소가 이루는 쌍 (a, b)

들의 집합이다. 이것을 데카르트곱이라고도 부른다. 데카르트가 찾아낸 좌표평면이 바로 카티션곱 $\mathbb{R} \times \mathbb{R}$이기 때문이다. 보통은 $\mathbb{R} \times \mathbb{R}$을 간단히 $\mathbb{R}^2$으로 쓴다. 자연수 집합 $\mathbb{N}$에 대한 카티션곱 $\mathbb{N} \times \mathbb{N}$은 양의 유리수 집합 $\mathbb{Q}_+$와 유사한 집합으로(왜냐하면 (m, n)이 유리수 $\frac{m}{n}$과 대응하므로) 나중에 $\mathbb{N}$과 $\mathbb{Q}_+$의 크기(원소 개수)를 비교할 때, $\mathbb{N}$과 $\mathbb{N} \times \mathbb{N}$의 크기를 비교하는 것으로 충분하다.

데카르트를 프랑스어로 쓰면 'Descartes'인데, 이것은 귀족들이 쓰는 성family name의 한 형식으로서 원래는 'Des Cartes'와 같이 띄어 쓰는 형태였을 것이다. 이때 'Des'는 관사다. 그래서 관사는 생략하고 'Cartes'만 따서 형용사형으로 카티션Cartesian곱이라고 부르는 것이다.

$\mathbb{R}$을 n번 곱한 $\mathbb{R} \times \mathbb{R} \times \cdots \times \mathbb{R} = \mathbb{R}^n$을 '$n$차원 유클리드공간' 또는 '표준 n차원 벡터공간'이라고 부른다. 누군가가 "벡터가 뭐예요?"라고 물어본다면, 간단히 "n차원 벡터란 실수 n개의 순서쌍 $(a_1, a_2, \cdots, a_n)$입니다" 또는 "n차원 벡터란 항이 n개인 수열입니다" 또는 "n차원 벡터란 $\mathbb{R}^n$의 원소입니다"와 같이 답해주면 된다.

모든 부분집합의 집합, 멱집합

앞에서 언급한 어떤 집합 A의 '모든 부분집합의 집합'은 칸토어의 무한집합론을 이해하는 데 꼭 필요한 개념이다. 이 집합을 멱집합power set이라고 부르고, $P(A)$로 나타낸다. 정의는 다음과 같다.

$P(A) := $ 집합 A의 모든 부분집합의 집합

멱집합이라는 이름은 $n(A)=n$일 때, 즉 A의 원소 개수가 n일 때 $n(P(A))=2^n$이기 때문에 붙은 이름이다. 그렇다면 멱冪이 무슨 뜻이기에 그런 한자가 붙었을까? 이 한자는 원래 중국 북방 유목민족의 이동식 가옥인 '파오'를 의미하는 글자인데, '멱'은 바로 중국에서 영어 파워power의 발음과 비슷한 이 한자를 활용하여 음역한 것을 우리 식으로 음독한 것이다. 영어의 '파워'는 우리말로는 '제곱' 또는 '승'이라는 뜻으로* 예를 들어 '2^n'을 영어로는 "two to the power n"이라고 읽는다. 우리말로 "2의 n승"이라고 읽는 이유는 '승乘'이 '올라타다'라는 뜻으로 글자 n이 2에 올라탄 형태이기 때문이다.

---

* 지수 '2^n'을 예전에는 "2의 n승"이라고 읽었으나 최근에는 교과서에서 "2의 n제곱"으로 읽는 것으로 바뀌었다.

'멱'을 쓰는 다른 수학용어로는 멱급수power series와 방멱정리 power theorem가 있다. '冪'은 수학 이외에서는 잘 쓰지 않는 어려운 한자이고, 현대 중국 표준어(중국에서는 '보통화'라고 한다) 발음 으로는 '미'이다. 그런데 어떻게 우리나라에서는 '멱'이라고 발 음하게 된 것일까? 그것은 예전에 일본이나 한국에 영향을 미친 중국어 발음이 지금 표준어인 베이징어보다는 남방의 언어에 더 가깝기 때문이다. 광둥어로 '冪'의 발음은 우리 귀에는 [멕] 또는 [멜]으로 들린다.

이제 멱집합 $P(A)$의 원소 개수는 왜 2^n인지 알아보자. 일단 두 가지 증명이 있는데, 고등학교 교과서에는 이항정리를 쓴 증명 이 나와 있다.

$$(1+x)^n = {_nC_0} + {_nC_1}x + \cdots + {_nC_n}x^n = \sum_{k=0}^{n} {_nC_k}x^k$$

이 등식에 $x=1$을 대입하면 다음 등식을 얻는다.

$$2^n = {_nC_0} + {_nC_1} + \cdots + {_nC_n} = \sum_{k=0}^{n} {_nC_k}$$

이때 ${_nC_k}$란 'n개 중 k를 선택하는 방법의 수'라는 뜻으로 바 로 집합 A의 부분집합 중 '원소 개수가 k개인 부분집합의 개수' 와 같다. 그래서 위의 식에 따라 $P(A)$의 원소 개수는 2^n이 되는 것이다.

논리적 사고법을 쓰면 이렇게 복잡하게 수식을 이용하여 증명하는 것보다 훨씬 간단하게 증명할 수 있다. 어떤 부분집합 하나를 결정하는 방법의 수를 생각해보자. n개의 원소 $a_1, a_2, \cdots, a_n$ 각각에 대하여 그 부분집합에 속할지 아닐지의 두 가지 선택지가 있다. 따라서 한 부분집합을 결정하는 방법의 수는 $2 \times 2 \times \cdots \times 2 = 2^n$이 되는 것이다.

수학자들은 대개 집합 A의 원소 개수를 $n(A)$ 대신 $|A|$로 나타낸다. 이 기호법을 쓰면

$$|P(A)| = 2^{|A|}$$

라고 쓸 수 있는데, 이렇게 표현하면 A가 유한집합일 때뿐만 아니라 무한집합일 때도 쓸 수 있다는 장점이 있다.

여기서 한 가지 짚고 넘어가야 할 것이 있다. 멱집합 $P(A)$의 원소 개수를 셀 때 공집합을 $P(A)$의 원소, 즉 A의 부분집합으로 간주한다는 것이다. 수학에서는 공집합 Ø는 모든 집합의 부분집합이라고 규정한다. 이것은 조건명제 "P이면 Q이다"에서 가정인 P가 거짓이라면 Q가 참이든 거짓이든 상관없이 이 명제는 참이라고 하는 일종의 논리 규칙이다. 이것을 우리말로는 '공허한 참' 또는 '공허참'이라고 한다(영어로는 명사로 'vacuous truth', 형용사

로는 'vacuously true'라고 한다).

이 규칙을 비판하는 사람(특히 배중률을 거부하는 직관주의자)이 많았지만 대다수 현대 수학자는 이것을 당연한 규칙으로 받아들인다. 이 규칙을 적용하면, 어떤 집합 A에 대해서도 $\varnothing \subset A$인 이유는 부분집합의 정의에 따라 다음의 조건명제가 공허한 참이기 때문이다.

$$a \in \varnothing \Rightarrow a \in A$$

13

무한의 이해

칸토어의 무한집합론이 등장했을 당시에는 이미 수학이 충분히 현대화되었다고 느낄 때여서(실제로 그렇기도 하다) 그때까지 해온 방식대로 유한의 관점에서만 수학을 연구해도 될 텐데 굳이 신성한 신의 세계를 넘보는 불경을 저질러야 하는가 하고 생각하는 이들도 많았다. 하지만 무한집합은 결국 논리적 대상으로 다루기에 아무 문제가 없을 뿐만 아니라 매우 필수적인 개념이라는 것이 밝혀졌다. 현대 수학에서는 오히려 무한집합이 유한집합보다 더 필수적인 개념이 되어버렸다. 제논의 패러독스도 무한

(또는 극한)이라는 개념이 없으면 설명하기가 어렵고, 수열도 기본적으로는 유한수열은 잘 다루지 않고 무한수열만 주로 다룬다.

무한의 세계는 이제 더는 저 멀리 있는 신비하고 이해할 수 없는 세계가 아니다. 유튜브나 텔레비전 다큐멘터리를 통해서도 무한의 세계를 배울 수 있으니 세상 참 좋아졌다. 나는 수학을 전공하기 전까지는 무한의 세계가 존재하는지도 몰랐는데 요즘에는 초등학생 중에도 무한에 대해 들어서 아는 학생들이 있다. 최근에 최고의 영재로 보이는 초등학교 2학년 학생을 몇 번 만나 지도해보았는데, 그 학생은 무한의 개념을 비교적 정확하게 이해하고 있었다.

무한을 이해하려면 함수부터 알아야 한다

무한집합에 대해 구체적으로 이해하려면 먼저 '함수'의 개념을 이해하고 그와 관련한 몇 개의 기초적인 기호를 이해해야 한다. 먼저 함수의 정확한 정의와 기본적인 종류, 의미 등에 대해 알아보자.

함수에 관한 내용은 모두 기본적인 것이어서 이미 독자들이 잘 아는 내용인지도 모르겠다. 하지만 학교에서 배우는 함수는 실수 집합에서 정의한 것뿐이지만 여기서 말하고자 하는 여러 가지 기초적인 개념은 일반적인 함수 전반에 대한 것이다. 함수의 일반적인 정의와 개념이 (학교에서 배우는 함수보다는) 좀 더 추상적이지만 오히려 더 간결하고 정확하여 이해하기에는 더 쉬울 수도 있다.

먼저 일반적인 함수의 정의부터 살펴보자.

집합 A에서 집합 B까지의 **함수**란 A의 각 원소에 대해 B의 원소 하나씩을 대응시키는 규칙이다. 이것을 기호 $f : A \rightarrow B$ 로 나타낸다.

이 'A의 각 원소에 대해 B의 원소 하나씩을 대응시키는 규칙'이라는 문장이 쉬운 우리말인데도 추상적인 말이라 금세 이해하기가 어려울 수도 있겠다. 그렇다면 함수의 정의에 나오는 '대응'이라는 개념을 '결혼'에 비유해 이해해보자. 그러니까 A를 어느 마을에 사는 여자들의 집합이라고 하고, B는 그 이웃 마을에 사는 남자들의 집합이라고 할 때, 함수 $f : A \rightarrow B$를 두 집합 사이에 맺어진 '결혼 규칙'이라고 가정해보자. 이때 이 (함수라는) 결혼 규칙은 다음과 같다.

- A에 속한 여자는 누구나 다 B에 속한 남자와 결혼한다.
- A에 속한 여자는 (B에 속한) 단 한 명의 남자와만 결혼한다.

결혼이라는 함수

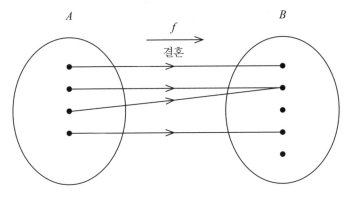

이 결혼 규칙에 따르면, 서로 다른 두 여자가 한 남자와 결혼할 수도 있다. 극단적으로는 모든 여자가 한 남자와 결혼할 수도 있다. 이런 극단적인 함수를 상수함수constant function라고 부른다.

만일 현대사회의 규칙대로 일부일처제를 따른다면 그런 결혼 규칙의 함수를 일대일함수(또는 단사함수)라고 한다. 이것의 논리적인 정의는 다음과 같다.

$f: A \to B$가 다음 규칙을 따른다면 이 함수를 **단사함수**라고 한다.

(규칙) $f(a_1) = f(a_2)$이면 $a_1 = a_2$이다.

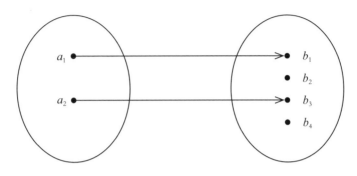

$A = \{a_1, a_2\}$, $B = \{b_1, b_2, b_3, b_4\}$일 때, 단사함수의 예

"$f(a_1) = f(a_2)$이면 $a_1 = a_2$이다"라는 규칙은 그것의 대우명제 "$a_1 \neq a_2$이면 $f(a_1) \neq f(a_2)$이다"와 같은 말이다. 이 부분이 다소 헷 갈릴 수 있는데, 이때도 '결혼'을 떠올려 보자. 단사함수란 일부 일처제이므로 이 제도하에서는 서로 다른 두 여자($a_1 \neq a_2$)가 있다면 그 두 여자의 남편도 서로 다르다($f(a_1) \neq f(a_2)$).

만일 B에 속한 남자들이 모두 결혼해야 한다는 규칙을 정한다면 그 결혼 규칙의 함수를 '전사함수'라고 한다. 이것을 논리적으로 말하면 "B에 속하는 임의의 남자에 대하여 그와 결혼하는 A의 여자가 있다"이고, 간단하게 말하면 "B의 모든 남자가 결혼한다"이다. 이것의 형식적인 정의는 다음과 같다.

$f : A \rightarrow B$가 다음 규칙을 따른다면 이 함수를 전사함수라고

한다.

(규칙) 임의의 $b \in B$에 대하여 $f(a)=b$인 $a \in A$가 존재한다.

전사함수의 예

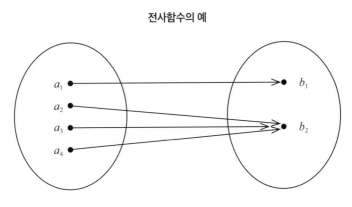

$A=\{a_1, a_2, a_3, a_4\}$, $B=\{b_1, b_2\}$일 때, 전사함수의 예

현행 고등학교 교육과정에서는 단사함수라는 용어 대신 일대일함수라는 용어를 쓰고, 전사함수라는 개념은 (교과 내용을 줄이는 과정에서) 교과서에서 사라졌다. 이 책에서는 단사, 전사의 개념을 모두 소개해야 하므로 일대일함수라는 용어 대신 단사함수라는 용어를 쓴다. 단사이면서도 전사인 함수를 **전단사함수**라고 한다(현행 교과서에서는 일대일대응이라고 한다).

앞에서 단사함수와 전사함수의 예를 통해 보았듯이 다음과 같은 두 가지 사실은 자명하다.

단사함수 $f: A \to B$가 존재하면, A의 원소 개수가 B의 원소 개수보다 적거나 같다. 즉, $|A| \le |B|$이다.

전사함수 $f: A \to B$가 존재하면, B의 원소 개수가 A의 원소 개수보다 적거나 같다. 즉, $|A| \ge |B|$이다.

이 두 가지 사실로부터 다음의 자명한 사실을 얻는다.

전단사함수 $f: A \to B$가 존재하면, A의 원소 개수가 B의 원소 개수와 같다. 즉, $|A| = |B|$이다.

여기에 중요한 점이 있다. 실은 이것들이 무한집합에 대해서도 성립한다는 점이다. 너무나 당연해 보이는 이 사실들이 무한집합을 이해하는 데 꼭 필요한 핵심적인 내용이다.

무한집합에 대해서는 '원소 개수'라는 말을 쓸 수가 없으니 대신 카디널수라는 용어를 쓴다. 집합 A의 카디널수를 기호 $c(A)$로 나타낸다. 그러면 우리는 다음과 같은 정의를 내릴 수 있다.

$c(A) \le c(B)$란 단사함수 $f: A \to B$가 존재한다는 뜻이다.

선택공리를 쓰면 "단사함수 $f: A \to B$가 존재한다"와 "전사함수 $g: B \to A$가 존재한다"는 서로 동치이다. 즉, 다음과 같다.

$c(A){\leq}c(B)$ ⇔ 단사함수 $f:A{\rightarrow}B$가 존재한다

⇔ 전사함수 $g:B{\rightarrow}A$가 존재한다

$c(A)=c(B)$ ⇔ 전단사함수 $f:A{\rightarrow}B$가 존재한다

무한집합에도 크고 작은 것이 따로 있다

독자들이 함수와 카디널수에 대하여 어느 정도 이해했다면 이
제 무한집합에 대하여 수학적으로 정확하게 이해할 준비가 되어
있다는 뜻이다.

무한집합에서는 두 가지 내용을 중점적으로 다루고자 한다.
첫째는 집합들, 그중에서도 자연수·유리수·실수 집합들끼리의
크기(카디널수) 비교다. 둘째는 유명한 칸토어 정리의 내용과 그
중요성 그리고 그것의 증명이다.

우선 무한집합은 무엇인가? 무한집합의 정확한 정의부터 알
아보자. 일단 무한집합은 유한집합이 아닌 집합으로 정의하고,
(공집합이 아닌) 유한집합은 다음과 같이 정의한다(공집합도 유한
집합으로 치는 게 편하다).

어떤 집합 A가 다음 조건을 만족할 때, 그 집합을
유한집합이라고 한다.

(조건) 어떤 자연수 n에 대하여 전단사함수

$f:\{1, 2, \cdots, n\} \to A$가 존재한다.

이렇게 유한집합을 통해서 무한집합을 정의하지 않고 다음과 같이 (유한집합을 통하지 않고) 무한집합을 직접적으로 정의할 수도 있다.

1. (자연수 집합 $\mathbb{N}$에 대하여) 어떤 단사함수 $f:\mathbb{N} \to A$가 존재할 때, 집합 A를 <u>무한집합</u>이라 한다.

2. 집합 A의 어떤 진부분집합 A_0에 대하여 전단사함수 $f:A \to A_0$가 존재할 때, A를 <u>무한집합</u>이라 한다.

이 두 번째 성질이 유한집합에는 없는 것이므로, 나는 (아마도 다른 수학자 대부분도) 간단하게 "무한집합이란 자기 자신의 진부분집합과 원소 개수가 같은 집합이다"라고 말하는 것을 선호한다.

자연수 집합* $\mathbb{N}$은 무한집합의 기준이 되는 집합이자 <u>가장 작은 무한집합</u>이다. 앞에서 집합 $\mathbb{N}$과 정수 집합 $\mathbb{Z}$는, 이 둘 사이에 전단사함수가 존재하므로, 이 둘의 카디널수가 같다는 것을 설명한 적이 있다. 그래서 사람들은 무한에 대해 이해할 때 흔히 등식

---

* '모든' 자연수 집합이라고 하는 것이 정확하겠지만 수학에서는 혼동이 없는 경우 보통 '모든'을 생략한다.

'∞ + ∞ = ∞'와 같은 방식으로 받아들이기도 한다. 이 등식은 기호 사용법이 부정확하지만 무한집합을 직관적으로 이해하는 데는 도움이 된다.

여기서 무한대 기호 ∞는 $\mathbb{N}$과 같은 '작은' 무한집합을 대변한다. 이제 ∞를 n개 더한 ∞ + ∞ + ⋯ + ∞는 무엇일까? 정답은 "역시 ∞이다"이다. 그러면 이제는 ∞를 ∞만큼 더한 것, 즉 ∞ + ∞ + ∞ + ∞⋯ = ∞ × ∞는 무엇일까? 정답은 바로 "이것도 역시 ∞이다"이다. 이것이 바로 유리수 집합 $\mathbb{Q}$가 $\mathbb{N}$과 카디널수가 같은 작은 무한집합인 이유다.

$\mathbb{N}$과 카디널수가 같은 집합을 **가산집합**이라고 하고, 그 외의 무한집합을 **비가산집합**이라고 한다. 즉, 무한집합에는 두 가지 종류가 있고, 비가산집합은 가산집합보다 더 큰 무한집합이다.

무한집합 ─┌─ 가산집합countable set; $\mathbb{N}$, $\mathbb{Z}$, $\mathbb{Q}$ 등
         └─ 비가산집합uncountable set; $\mathbb{R}$, $\mathbb{R}^n$ 등

편의상 보통 가산집합을 작은 무한집합, 비가산집합을 큰 무한집합이라고 부르기도 한다. 양의 유리수 집합 $\mathbb{Q}_+$가 가산집합임을 보일 때, 유리수와 자연수가 대응한다는 것을 보이기 위해 유리수의 분모가 작은 것부터 순서대로 일렬로 나열하는 방법을 쓰기도 한다(텔레비전 다큐멘터리에서도 그 방식으로 설명한다). 그

런 설명이 직관적인지는 모르겠지만 그 설정과 증명은 매우 번거롭다.

독자들이 함수의 용법을 이해한다면 왜 유리수 집합이 가산집합인지 간단하게 설명할 수 있는 증명 방법이 있다. 우선 $\mathbb{N} \times \mathbb{N}$ 과 $\mathbb{Q}_+$의 크기를 비교해보자.

전사함수 $f: \mathbb{N} \times \mathbb{N} \to \mathbb{Q}_+$, $(m, n) \to \dfrac{m}{n}$이 존재한다.

그러므로 $c(\mathbb{N} \times \mathbb{N}) \geq c(\mathbb{Q}_+)$이다.

단사함수 $f: \mathbb{N} \times \mathbb{N} \to \mathbb{N}$, $(m, n) \to 2^m 3^n$이 존재한다.

한편 만일 이것이 사실이라면 $c(\mathbb{N} \times \mathbb{N}) \leq c(\mathbb{N})$이 된다. 그러므로 앞의 부등식을 함께 고려하면 $c(\mathbb{Q}_+) \leq c(\mathbb{N})$라는 부등식을 얻는다. 그런데 $\mathbb{N}$은 $\mathbb{Q}_+$의 부분집합이므로 $c(\mathbb{Q}_+) \geq c(\mathbb{N})$임은 당연하다. 결과적으로 등식 $c(\mathbb{Q}_+) = c(\mathbb{N})$를 얻는다. 이것을 다시 정리해보면 다음이 성립한다.

$c(\mathbb{Q}_+) \leq c(\mathbb{N} \times \mathbb{N}) \leq c(\mathbb{N})$이고 $c(\mathbb{Q}_+) \geq c(\mathbb{N}) \Rightarrow c(\mathbb{Q}_+) = c(\mathbb{N})$

이제 과연 함수 $f: \mathbb{N} \times \mathbb{N} \to \mathbb{N}$, $(m, n) \to 2^m 3^n$이 단사함수인지 증

명해보자. 단사함수는 정의에 따라 "$f(a_1)=f(a_2) \Rightarrow a_1=a_2$"라는 조건을 만족한다. 그러므로 $f((m_1, n_1))=f((m_2, n_2)) \Rightarrow (m_1, n_1)=(m_2, n_2)$임을 보이면 된다. 즉, $2^{m_1}3^{n_1}=2^{m_2}3^{n_2} \Rightarrow m_1=m_2$, $n_1=n_2$을 보이면 되는데 이때 $2^{m_1}3^{n_1}=2^{m_2}3^{n_2}$은 정수이므로 소인수분해의 유일성에 따라 $m_1=m_2$, $n_1=n_2$이 성립한다. 아니면 직접 보여도 된다. $m_1 \geq m_2$이라고 가정하고, $2^{m_1}3^{n_1}=2^{m_2}3^{n_2}$의 양변을 2^{m_2}으로 나누면 $2^{m_1 - m_2}3^{n_1}=3^{n_2}$가 되므로 $m_1 - m_2 = 0$을 얻는다. 같은 방법으로 $n_1=n_2$도 얻을 수 있다.

이것으로 양의 유리수 집합 $\mathbb{Q}_+$가 가산집합임을 보였다. 독자들에게는 단사함수 $f : \mathbb{N} \times \mathbb{N} \to \mathbb{N}$이 존재한다는 것을 보이는 증명법이 기발한 발상으로 보일 것 같다. 하여간 $\mathbb{N} \times \mathbb{N}$이 가산집합이라는 사실, 즉 $c(\mathbb{N} \times \mathbb{N})=c(\mathbb{N})$이라는 것을 ∞ 기호를 써서 나타내면 바로 $\infty \times \infty = \infty$가 된다.

또 다른 한편으로는 $\mathbb{N} \times \mathbb{N}$이 가산집합이라는 사실을 고급의 수학적 표현으로는 "가산집합들을 가산집합만큼 합집합을 해도 역시 가산집합이다"와 같이 표현할 수 있다(여기서 $\mathbb{N} \times \{i\}$와 $\mathbb{N}$의 원소들은 자연스럽게 일대일로 대응하므로 같은 크기의 집합이다).

$$\mathbb{N} \times \mathbb{N} = (\mathbb{N} \times \{1\}) \cup (\mathbb{N} \times \{2\}) \cup (\mathbb{N} \times \{3\}) \cup \cdots$$

무한집합론의 핵심 칸토어의 정리

자연수 집합 $\mathbb{N}$은 기준이 되는 무한집합이자 가산집합이다. 그렇다면 비가산집합의 기준으로는 어떤 집합이 있을까? 그 대표적인 예가 바로 실수 집합 $\mathbb{R}$이다. $\mathbb{R}$이 비가산집합이라는 것을 보이기 전에 우선 다음의 유명한(역사적인) 칸토어 정리를 이해해야 한다. $P(A)$을 A의 멱집합(모든 부분집합의 집합)이라 하자. 칸토어 정리는 다음과 같다.

임의의 집합 A에 대하여 $c(P(A)) > c(A)$이다.

즉, $P(A)$의 카디널수는 A의 카디널수보다 더 크다.

A가 유한집합일 때 이 정리가 성립하는 것은 자명하다. 왜냐하면 유한집합에서는 카디널수가 바로 원소 개수이고, $|A|=n$이면 $|P(A)|=2^n$이기 때문이다($2^n > n$). 그래서 칸토어 정리는 무한집합에 대해서만 언급할 만한 의미가 있는 정리이다. 칸토어는 이 정리에 대해 다음과 같은 멋진 증명을 제시했다. 증명은 다소 어렵지만 독자들이 관심이 있다면 시간을 좀 두고 다음의 이 증명이 얼마나 아름다운지를 천천히 음미해보기를 바란다.

귀류법을 쓰자. $c(P(A)) \leq c(A)$라 가정할 때 모순이 발생함을 보이면 된다. 앞에서 살펴보았듯이 $c(P(A)) \leq c(A)$라면 전사함수

$g : A \to P(A)$가 존재한다는 뜻이다. 이제 다음과 같은 A의 부분집합 B를 잡아보자.

$$B := \{ a \in A \mid a \notin g(a) \}$$

여기서 $g(a) \in P(A)$이므로 $g(a)$는 A의 부분집합이다. 그러면 $B \in P(A)$이고 $g : A \to P(A)$는 전사함수이므로 전사함수의 정의에 따라 $g(a_0) = B$인 $a_0 \in A$가 존재한다. 이제 끝으로 $a_0 \in B$인지 아닌지 살펴보자.

(i) 만일 $a_0 \in B$라면 $B = \{ a \in A \mid a \notin g(a) \}$ (B의 정의)이므로 $a_0 \notin g(a_0) = B$이고

(ii) 만일 $a_0 \notin B = g(a_0)$라면 이것은 바로 a_0가 B에 속하는 원소들의 조건을 만족한다는 뜻이므로 $a_0 \in B$이 된다.

결국 $a_0 \in B$일 수도 아닐 수도 없으므로 모순이다. 증명 끝.

이 증명에는 러셀의 패러독스와 같은 형태의 모순이 등장한다. 칸토어가 이 멋진 증명을 찾아낸 것은 1897년경인데, 그 몇 년 후에 러셀이 자신의 패러독스를 발견하여 프레게에게 편지를 보낸다. 아마도 러셀이 칸토어의 증명에서 이 패러독스의 힌트를 얻었을지도 모른다고 추측할 수도 있다.

칸토어 정리에 따라 자연수 집합 ℕ에 대하여 그것의 멱집합 $P(ℕ)$은 ℕ보다 더 크다는 것은 자명하다. 즉, "$P(ℕ)$은 비가산집합이다." ℕ의 카디널수를 다음과 같은 기호로 나타낸다.

$$c(ℕ) = \aleph_0$$

이것을 '알레프 노트aleph naught' 또는 '알레프 제로'라고 읽는다. 이때 알레프 $\aleph$는 히브리어와 아랍어 문자의 첫 번째 글자다.

그러면 $P(ℕ)$의 카디널수는 어떻게 나타낼까? 바로 $c(P(ℕ)) = \aleph_1$(알레프 원)이다. 멱집합을 취할 때마다 카디널수가 커지니까 다음과 같이 계속된다.

$$c(P(P(ℕ))) = \aleph_2, \ c(P(P(P(ℕ)))) = \aleph_3, \cdots$$

이런 $\aleph_i$를 '알레프수aleph number'라고 부른다.

칸토어 정리는 카디널수가 이렇게 계속 커질 수 있다는 것을 밝혔다. 즉, 카디널수에는 최댓값이 존재하지 않는 것이다. 그러므로 '모든 집합의 집합'과 같은 집합은 존재할 수 없게 되었다. 만일 존재한다면 그것의 카디널수가 최대가 되어야 하니 모순이 된다.

'모든 집합의 집합'이 말로는 정의할 수 있는데 실제로는 존재하지 않는다니 좀 이상하다. 그래서 이것을 칸토어의 패러독스라고 부른다. 하지만 엄밀하게 말하자면 패러독스는 아니다. 알고 보면 칸토어 정리는 이상한 것이 없으니 그 내용을 그냥 있는 그대로 받아들이면 된다.

하여간 수학자들은 집합의 원소가 너무 많으면 곤란하므로 집합의 원소 개수를 제한해야 한다는 결론에 이르게 되었다. 그래서 20세기 초중반에 개량된 집합론(ZFC 체계를 다소 보완한 것)으로 폰 노이만·베르나이스·괴델von Neumann-Bernays-Gödel, NBG 체계라고 불리는 새로운 체계가 나온다.

NBG 체계에서는 집합의 카디널수를 제한하며, 집합이라고 하기에는 카디널수가 너무 클 것 같은 대상에는 클래스class라는 이름을 붙여줬다. 요즘 수학자들은 클래스와 모임collection이라는 용어를 병용한다. 이렇게 칸토어의 집합론은 20세기에 끊임없이 개선을 거듭했으므로 그의 집합론을 소박한 집합론naive set theory이라고 부른다.

그럼 어느 정도 카디널수가 큰 것까지 집합이라고 해도 괜찮을까? 수학자들은 정확한 커트라인을 정하지는 못하고 있지만 실수 집합이 갖는 카디널수, 즉 $\aleph_1$의 카니널수를 갖는 집합까지는 전혀 문제가 없다고 생각하고, $\aleph_2$ 이상은 꺼린다. 그래서 예컨대 실수 집합 $\mathbb{R}$에 대하여 $P(\mathbb{R})$은 $\mathbb{R}$의 모든 부분집합의 '집합'이라고 부르지 않고 '모임'이라고 부른다.

무리수는 유리수보다 더 많다

실은 아직 실수 집합 $\mathbb{R}$이 왜 비가산집합인지 설명하지 않았다. 이것의 증명은 여러 가지가 있는데, 그 어느 것도 그리 쉽지는 않아 독자들에게 자세히 설명하기에는 적절하지 않을 수도 있겠다. 그래도 궁금해할 분을 위해 한 가지 증명의 줄거리만 대강 소개해보자.

칸토어 정리에 의해 $P(\mathbb{N})$은 비가산집합이므로 $c(\mathbb{R})=c(P(\mathbb{N}))$을 보이면 되는데, 이것은 다음의 세 가지 사실에서 도출할 수 있다.

1. $\mathbb{R}$과 그것의 부분집합인 열린구간 $(0, 1)$은 일대일대응이 된다.
2. $(0, 1)$의 원소를 2진법 소수 표현으로 나타내면 결국 0과 1로 이루어진 무한수열과 같다.
3. 0과 1로 이루어진 무한수열의 집합은 $P(\mathbb{N})$과 일대일대응이 된다. 그러므로 $\mathbb{R}$은 비가산집합이다.

이런 증명법 외에도 0과 1로 이루어진 무한수열의 집합이 비가산집합임을 직접 보일 수 있다. 그 증명법을 칸토어가 찾았으므로 칸토어 대각선논법이라고 한다. 이것도 설명이 기니 자세한 내용은 생략한다.

3번에서 말한 '0과 1로 이루어진 무한수열'이란 '0, 1, 1, 0, 1, 0, 1, 0, 0, …'과 같은 수열을 말하는데, 첫째, 수학에서는 그냥 '수열'이라 하면 통상적으로 무한수열을 의미하고, 둘째, 0과 1로 이루어진 수열을 하나의 함수로 해석할 수도 있다. 함수 $f: \mathbb{N} \to \{0, 1\}$이 주어지면 이것은 결국 수열 $f(1), f(2), f(3), \cdots$을 결정하므로 이런 함수와 수열은 동일시할 수 있다. 또 한편으로는 0과 1로 이루어진 수열은 $\mathbb{N}$의 부분집합과도 대응된다.

고급 수학에서는 일반적인 (실수로 이루어진) 수열을 다음과 같이 정의한다.

> 수열sequence이란 함수 $f: \mathbb{N} \to \mathbb{R}$이다.

한편 항이 n개인 유한수열은 함수 $f: \{1, 2, \cdots, n\} \to \mathbb{R}$로 정의할 수 있다. 심지어는 이것도 n차원 벡터와 같은 것이므로 벡터도 '함수'로 정의할 수 있다.

이제 유리수와 무리수에 대해 생각해보자. 누가 다음과 같이 질문했다고 하자.

> 실수를 (컴퓨터 등을 이용하여) 임의로 1억 개 선택한다고
> 하자. 이 중 유리수는 몇 개 정도가 될까?

우리는 어려서부터 무리수보다는 유리수를 더 친숙하게 다루었기에 막연히 '유리수도 무한히 많은데 실수 1억 개 중에 유리수가 그래도 몇 개 정도는 있겠지'라고 생각할지도 모른다. 하지만 이 질문에 대한 정답은 "0개"이다. 좀 더 정확하게 말하면 "한 개라도 있을 확률이 0이다"이다. 그 이유는 무리수가 유리수보다 '무한대 배' 더 많기 때문이다. 만일 무리수가 유리수보다 99배쯤 더 많다면 확률적으로 1억 개의 실수 중 유리수는 100만 개쯤 될 것이다. 하지만 무한대 배 더 많으면 확률적으로 0개가 된다.

무리수 집합이 가산이라면 $\mathbb{R}$이 비가산이라는 데 모순이 되므로 무리수 집합은 비가산집합이다. 따라서 무리수가 유리수보다 무한대 배 더 많은 것은 자명하다. 가산집합을 유한개 모아서 다 합집합을 해도 가산집합임은 앞에서 설명했다(심지어는 자연수 전체만큼 무한히 모아도 마찬가지다). 그래서 만일 무리수가 유리수보다 유한 배 더 많다면 무리수 집합이 가산집합이 되어 모순이다.

그런데 다른 한편으로 실수 집합에는 무리수가 유리수보다 무한대 배 더 많다는 사실과 배치되는 것처럼 보이는 이상한 성질이 있다. 무한집합이 띠는 이상한 성질의 예로 가장 흔히 드는 게 '자연수와 정수의 개수가 같다'라는 것인데, 내게는 다음의 성질이 더 직관에 위배되는 이상한 성질로 보인다.

임의의 두 실수 사이에는 유리수가 존재한다.

이 성질은 왜 직관에 위배될까? 이 성질은 일렬로 순서대로 쭉 놓인 실수 중에 무리수 두 개가 연속해서 놓일 수 없다는 말이다. 그런데 이 말은 무리수가 유리수보다 무한대 배 더 많다는 사실과 어긋나는 것처럼 보인다.

이제 위의 성질을 간단히 증명해보자.

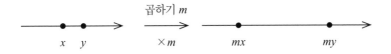

$x<y$인 두 실수가 있다고 하자. 이 두 수에 어떤 큰 자연수 m을 곱하면 mx와 my의 차이가 1보다 더 크게 할 수 있다(논리적으로 좀 더 정확하게 말하면 실수 $\frac{1}{y-x}$보다 더 큰 자연수 m이 존재한다. 임의의 실수보다 더 큰 자연수가 존재한다는 것을 '아르키메데스의 원리'라고 부른다). 그러면 $mx<n<my$인 정수 n이 존재한다. 이제 양변을 m으로 나누면 $x<\frac{n}{m}<y$를 얻게 된다.

제3부에서 언급한 바와 같이 연속체 가설이란 "$\mathbb{N}$보다 카디널수가 더 크고 $\mathbb{R}$보다 카디널수가 더 작은 집합은 존재하지 않는다"라는 가설이다. 이것은 칸토어가 처음 제시한 문제로 힐베르트의 23개 문제 가운데 첫 번째 문제다. 괴델과 코언 등이 이것은 참이든 거짓이든 ZFC 체계와 무관함을 증명했다.

합집합 논법

위상수학자인 나는 수학과 학생들에게 '위상수학'이라는 이름
의 과목을 가르친다. 그런데 과목 이름에 중대한 오해가 하나 있
다. 내가 연구하는 위상수학은 소위 '진짜' 위상수학이고, 학생들
이 배우는 위상수학은 '일반위상수학general topology' 또는 '점집합
위상수학point-set topology'이라고 불리는 것으로 내가 연구하는 위
상수학과는 거리가 멀다.

학생들은 보통 2학년 때 전공 수학의 입문 과목인 집합론을
듣고, 3학년 때 위상수학1과 2를 두 학기에 걸쳐 듣는다. 위상수
학1은 집합론의 연장선에 있는 과목인데, 학생들은 이 과목을
아주 어려워한다. 그래서 토폴로지의 이름을 따서 '또모르지'라
고도 부른다. 학생들이 어려워하는 이유는 기본적으로는 논리적
으로 사고하고 서술하는 것을 힘들어하기 때문이지만, 좀 더 구
체적으로는 '합집합 논법union argument'에 약하기 때문이다. 실은
이 논법의 이름은 내가 붙인 것이다. 이 논법이 어떤 것인지 알아
보자.

독자들이 읽기 부담스러워할 것을 알면서도 굳이 합집합 논법
을 소개하고자 하는 이유는 이 논법이 수학적인 논리적 사고법
의 전형적인 예이기 때문이다. 수학에서 필요한 논리적 사고법은
실은 단순하다. 논리적 사고법은 보통 다음의 두 단계로 이루어

지는데, 첫 번째 단계에서는 제시된 정의와 개념을 기억하고, 두 번째 단계에서는 그 정의를 '기계적으로' 적용하는 것이다.

학생들에게 "다음을 증명하시오"라는 문제를 냈을 때 그들이 그 문제를 못 푸는 것은 대부분 개념의 정의를 망각해서 구체적으로 무엇을 보이라는 것인지를 모르므로 증명의 시작조차 하지 못하기 때문이다. 무엇을 보일지를 파악하고 일단 쓰기 시작한 학생들은 그 정의를 그저 기계적으로 따라가면 되므로 대개 그리 어렵지 않게 증명을 마칠 수 있다(특별한 구상이 필요한 문제는 학생들이 어차피 풀지 못하므로 출제하지 않는다).

위상수학에서 합집합이 중요한 이유는, 주어진 전체집합 X에 대하여 그 집합의 위상topology은 'X의 열린 부분집합open subset들의 모임'이고 '열린' 집합들은 그 집합들을 합집합을 해도 역시 열린집합이라는 핵심적 성질을 띠기 때문이다. 이 말을 다시 정리하면 다음과 같다.

1. 집합 X에 대하여 그 집합의 위상topology이란 X의 열린 부분집합들의 모임이다.
2. 열린집합들의 합집합은 역시 열린집합이다.

학생들은 교집합은 쉽게 이해하고 다루지만 합집합은 다루기 어려워한다. 그 이유는 교집합에는 '모든'이 나오고 합집합에는

'어떤'이 나오는데, 이 '어떤'이 어렵기 때문인 것 같다. 특히 무한히 많은 집합의 합집합을 취할 때 어려워한다. 하지만 실제로는 합집합 논법은 합집합의 정의를 기계적으로 적용하기만 하면 되는 자명한 논법이다. 우선 합집합의 정의를 복습해보자.

집합 A가 집합 $A_i(i=1, 2, \cdots, n)$들의 합집합이라는 것은 A의 임의의 원소 x에 대하여 x를 포함하는 '어떤' A_i가 존재한다는 뜻이다. 이것을 다시 쓰면 다음과 같다.

$$x \in A = \bigcup_{i=1}^{n} A_i \Leftrightarrow \text{어떤 } A_i\text{에 대하여 } x \in A_i$$

논리적으로 "어떤 ~에 대하여 ~~이다"라는 말은 당연히 "~~인 ~가 존재한다"와 같은 말이다. 이 합집합의 정의를 인덱스집합 J를 사용하여 조금 더 일반화해서 써보면 다음과 같다.

$$x \in \bigcup_{\alpha \in J} A_\alpha \Leftrightarrow \text{어떤 } \alpha \in J\text{에 대하여 } x \in A_\alpha$$

자, 이제 열린집합open set에 관한 이야기로 가보자. 우리가 잘 아는 수직선 $\mathbb{R}$과 좌표평면 $\mathbb{R}^2$의 열린 부분집합들을 살펴보자. 제2부에서 $\mathbb{R}$과 $\mathbb{R}^2$의 열린 부분집합들은 '경계점을 하나도 포함하지 않는 집합'이라고 소개한 바 있다.

ℝ에서는 기본적으로 열린구간 (a, b)는 열린집합이다. 이런 열린집합을 '기본형' 열린집합이라고 부르자. 그러면 '일반형'은 어떤 것들일까? 앞서 말한 위상의 두 번째 성질(열린집합들의 합집합은 역시 열린집합이다)에 따라 일반형 열린집합이란 바로 기본형 열린집합들의 합집합이다. 즉, 수직선 ℝ에서는 열린집합은 '열린구간들의 합집합'이다. 이 말은 앞의 정의에 따라서 열린집합의 임의의 한 점에 대해 그 점을 포함하며 열린집합에 포함되는 어떤 열린구간 (a, b)가 존재한다는 말이다. 이것을 다시 정리하면 다음과 같다.

A가 ℝ에서 열린집합이다.

⇔ 임의의 $x \in A$에 대하여 어떤 열린구간 (a, b)가 존재하여

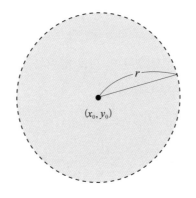

중심이 (x_0, y_0)이고 반지름이 r인 열린원판 $D((x_0, y_0), r)$

$x \in (a, b) \subset A$이다.

이렇게 합집합을 이해하고 서술하는 방식이 바로 합집합 논법이다. 이렇게 열린집합들을 열린구간들의 합집합으로 정의할 때 우리는 "열린구간들이 열린집합들을 (합집합을 통해) 생성한다 generate"라고 말한다.

좌표평면 $\mathbb{R}^2$에서의 열린집합에 대해서도 알아보자. $\mathbb{R}^2$에서 '기본형' 열린집합은 열린원판open disk*이다. 한 점 (x_0, y_0)을 중심으로 하고 반지름이 r인 열린원판은 '점 (x_0, y_0)에서부터 거리가 r 미만인 점들의 집합'이다. 이 열린원판을 기호로 $D((x_0, y_0), r)$로 나타내고, 수식으로 표현하면 다음과 같다.

$$D((x_0, y_0), r) = \{(x, y) \in \mathbb{R}^2 \mid \sqrt{(x-x_0)^2 + (y-y_0)^2} < r\}$$

$\mathbb{R}^2$에서도 $\mathbb{R}$에서와 마찬가지로 '일반형' 열린집합은 기본형 열린집합인 열린원판들의 합집합이다. 실은 경계점을 하나도 포함하지 않는 영역(열린 영역)이 바로 열린집합이고, 이것을 열린원판들의 합집합으로 나타낸다.

---

* 우리나라 수학 교과서에서는 '열린구간'과 '닫힌구간'을 하나의 단어로 간주하여 '열린구간,' '닫힌 구간'처럼 떼어 쓰지 않는다. 여기서는 '열린원판'도 하나의 단어로 간주하여 떼어 쓰지 않겠다.

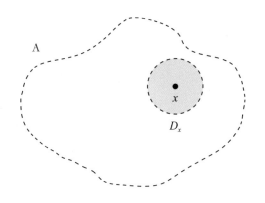

ℝ²에서의 열린 영역(열린 집합).
열린 영역은 열린원판들의 합집합이다.

$\mathbb{R}^2$에서 열린집합의 정의를 $\mathbb{R}$에서처럼 합집합 논법으로 표현하면 다음과 같다.

A가 $\mathbb{R}^2$에서 열린집합이다.
⇔ 임의의 $x \in A$에 대하여 어떤 열린원판 $D(x, r)$이 존재하여 $x \in D(x, r) \subset A$이다.

여기에서도 "열린원판들이 열린집합을 생성한다"라는 표현을 쓸 수 있다. 다른 한편으로 $\mathbb{R}^2$에서의 '기본형' 열린집합을 열린원판이 아닌 '열린 직사각형'으로 정해도 $\mathbb{R}^2$에서의 일반형 열린집합은 동일하다.

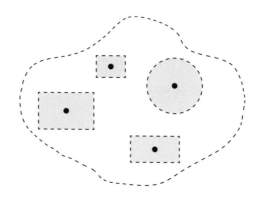

$\mathbb{R}^2$에서는 열린집합을 열린원판들로 생성한다고 정의하는 것과
열린 직사각형들로 생성한다고 정의하는 것이 동일하다.

열린집합을 열린원판으로 생성하나 열린 직사각형으로 생성
하나 같은 이유를 다르게 설명한다면, 열린원판도 열린 직사각형
들의 합집합이고, 열린 직사각형도 열린원판들의 합집합이기 때
문이다.

끝으로 한 가지 더 언급하자면, "임의의 $x \in A$에 대하여 어떤
열린원판 $D(x, r)$이 존재하여 $x \in D(x, r) \subset A$이다"가 성립한다는
말은 다음의 등식이 성립한다는 말이다.

$$A = \bigcup_{x \in A} D(x, r)$$

즉, 이 기호가 나타내 주듯이 A는 열린원판 $D(x, r)$들의 합집합이다. 이 등식이 성립하는 것을 확인하려면 (앞에서 두 집합이 같다는 것의 정의에서 말했듯이) $A \subset \bigcup_{x \in A} D(x, r)$과 $A \supset \bigcup_{x \in A} D(x, r)$이 성립하는지 확인해야 한다. 이것은 정의에 따라 다음과 같이 기계적으로 보일 수 있다.

(i) $x \in A$라면 어떤 $D(x, r) \subset A$에 대하여 $x \in D(x, r)$이므로 $x \in \bigcup_{x \in A} D(x, r)$이다. 따라서 $A \subset \bigcup_{x \in A} D(x, r)$이다.

(ii) 모든 $D(x, r)$이 A에 속하므로 $\bigcup_{x \in A} D(x, r)$도 A에 속한다. 즉, $A \supset \bigcup_{x \in A} D(x, r)$이다.

합집합 논법은 이와 같이 어떤 집합이 '무한히 많은' 집합의 합집합일 때 유용하게 활용할 수 있는 논법이다.

'무한'은 '무한히 커지는 과정'을 지칭하는 것일 뿐이라고 오해하는 사람들도 있지만, 무한은 (개념적으로) 실제로 존재하는 어떤 대상이다. 극한도 '어느 것으로 접근하는 과정이나 현상'이 아니라 이미 그곳에 도달해 있는 것으로 이해하는 것이 좋다.

수학적 내용이 너무 많아지면 이 책을 읽는 독자들이 힘들어할 것 같아 그런 내용은 이만 줄이고, 수학에 관심이 많은 분을 위해서는 다음에 다른 기회에 좀 더 자세하고 풍부한 수학적 내용을 전달해줄 수 있기를 희망한다.

찾아보기

수학자가 들려주는 진짜 논리 이야기

복잡한 세상에 정확한 판단이 필요한 순간

초판 1쇄 발행 2023년 6월 1일
초판 2쇄 발행 2023년 6월 28일

지은이 송용진
펴낸이 김선식

경영총괄이사 김은영
콘텐츠사업본부장 임보윤
책임편집 김상영 책임마케터 권오권
콘텐츠사업8팀 김상영, 강대건, 김민경
편집관리팀 조세현, 백설희 저작권팀 한승빈, 이슬
마케팅본부장 권장규 마케팅3팀 권오권, 배한진
미디어홍보본부장 정명찬 디자인파트 김은지, 이소영 유튜브파트 송현석, 박장미
브랜드관리팀 안지혜, 오수미 지식교양팀 이수인, 염아라, 석찬미, 김혜원, 백지은
크리에이티브팀 임유나, 박지수, 변승주, 김화정, 뉴미디어팀 김민정, 홍수경, 서가을
재무관리팀 하미선, 윤이경, 김재경, 안혜선, 이보람
인사총무팀 강미숙, 김혜진, 지석배, 박예찬, 황종원
제작관리팀 이소현, 최완규, 이지우, 김소영, 김진경, 양지환
물류관리팀 김형기, 김선진, 한유현, 전태환, 전태연, 양문현, 최창우
외부스태프 디자인 studio forb

펴낸곳 다산북스 출판등록 2005년 12월 23일 제313-2005-00277호
주소 경기도 파주시 회동길 490 다산북스 파주사옥
전화 02-702-1724 팩스 02-703-2219 이메일 dasanbooks@dasanbooks.com
홈페이지 www.dasan.group 블로그 blog.naver.com/dasan_books
용지 신승지류유통 인쇄 및 제본 한영문화사 코팅 및 후가공 평창피앤지

ISBN 979-11-306-9974-5 (03170)

다산북스(DASANBOOKS)는 독자 여러분의 책에 관한 아이디어와 원고 투고를 기쁜 마음으로 기다리고 있습니다.
책 출간을 원하는 아이디어가 있으신 분은 다산북스 홈페이지 '투고원고'란으로 간단한 개요와 취지, 연락처 등을 보내 주세요.
머뭇거리지 말고 문을 두드리세요.